Kolofon

©Mathias Jansson (2014)

”Essäer om Dataspelskonst / Game Art”

ISBN: 978-91-86915-13-1

Utgiven av:

”jag behöver inget förlag”

c/o Mathias Jansson

Tvärvägen 23

232 52 Åkarp

http://mathiasjansson72.blogspot.se/

Essäerna har tidigare varit publicerade i Tidningen Kulturen, Konsten.net och tidskriften Konstperspektiv mellan 2008-2014.

Innehåll

Dataspel och konst i Norden från 1995 till idag.

Det såg ut att bli en helt vanlig dag på konstmuseet, men plötsligt var de överallt. Muterade monster, dödligt beväpnade och skjutglada. Det fanns bara en sak att göra, döda dem!

När biennalen *Borealis 8: The Scream: Nordic Fine Arts* (1995-1996) öppnade på Arken Museum of Contemporary Art inte långt från Köpenhamn i Danmark, fanns det en udda fågel med i utställningen. Bland de traditionella konstformerna som foto, måleri och video fanns också en dator med ett installerat dataspel. Spelet hette *Museum Meltdown* och hade skapats av de två svenska konststuderande Palle Torsson och Tobias Bernstrup från Kungliga Konsthögskolan i Stockholm.

Museum Meltdown är det första exemplet i Norden på en konstnärlig modifiering av ett dataspel. Till utställningen hade Torsson och Bernstrup modifierat, dvs. förändrat det kommersiella dataspelet *Duke Nukem* 3D (1996) och i spelet skapat en virtuell kopia av arkitekturen från Arken museum. I det nya spelet kunde besökaren springa omkring i Arkens museum och skjuta på både monster och konsten. Finkulturen och konstmuseets konventioner om att "inte röra de utställda objekten" kolliderade på ett våldsamt sätt med dataspelets populärkultur och estetik. Under de följande åren fortsatte Bernstrup och Torsson att skapa nya versioner av *Museum Meltdown*. 1997 gjorde de en version för

Contemporary Art Centre i Vilnius, Litauen och en tredje version lanserades 1999 på Moderna Museet i Stockholm.

Konst gjord med eller inspirerad av dataspel, Game Art som konstformen kallas internationellt, uppstod i början av 1990-talet. Till en av pionjärerna räknas den kinesiska New Media konstnären Feng Mengbo. På den 45:e Venedigbiennalen 1993 visade Mengbo en serie tavlor med dataspelsmotiv under titeln *The Video Endgame Series*. Nästa steg i utvecklingen tog den österrikiska konstnären Orhan Kipcak med verket *Ars Doom* en modifierad version av dataspelet *Doom* där han hade återskapat konsthallen vid Brucknerhaus i Linz. Att använda kommersiella dataspel som *Doom, Unreal, Quake* och med hjälp av de verktyg som fanns till spelen förändra dem blev vanligt hos några konstnärer i början av 1990-talet. Att som Kipcac, Torsson och Bernstrup återskapa kända konstmuseum och låta besökaren uppleva konsten samtidigt som man slogs mot monster och fiender utvecklade sig med tiden till en egen genre som jag brukar benämna *First Museum Shooters*.

Om vi stannar kvar ett tag i Danmark hittar vi här konstnärsgruppen *Superflex* (Bjørnstjerne Christiansen, Jakob Fenger och Rasmus Nielsen). De har egentligen bara gjort ett verk som knyter an till dataspel och det var när man i maj 2002 skapade utställningen *Tools / + Counterstrike* på Rooseum Museum of Contemporary Art i Malmö. I utställningen bjöd man in besökarna till ett café där de kunde spela Counterstrike on-line. Man ordnade också turneringar för spelare med prispengar. *Superflex* såg Counterstrike som ett dataspel som kunde användas för att lära spelarna hur man bygger lag och organisera sig kring olika projekt. Installationen visades även på Kiasma Konstmuseum i Helsingfors 2003.

På det teoretiska planet har den danska webbplatsen Artifcial.dk spelat en viktig roll för att introducera Game Art för allmänheten i Norden. Artifical.dk var en resurs om net.art och datorbaserade konstformer. Under åren 2001-2007 var Kristine Ploug och Thomas Petersen redaktörer. I december 2005 lanserade man ett specialnummer om konst och dataspel som innehöll en introduktion, intervjuer och presentationer av konstnärer och verk. Artiklarna var fokuserade på internationella konstnärer som Jodi, Alison Mealey, Tom Betts m.fl. Det fanns inga nordiska exempel med i sammanställningen, vilket är förståligt då Game Art scenen vid den här tiden var ganska liten. Ploug och Petersen var även inblandade i utställningen *Arcade: Art Games in a Mine* som arrangerades 2006 i Thingbæk, Danmark. Många av de konstnärer och verk som presenterade i specialnumret av Artifical.dk fanns också med i utställningen.

Hösten 2011 visade Nikolaj, Copenhagen Contemporary Art Center i Köpenhamn vandringsutställningen *Space Invaders* som 2010 hade producerats av Netherlands Media Art. Det är vad jag vet den största utställningen hittills med Game Art som ägt rum i Danmark. Den innehöll främst internationella konstnärer men Nikolaj hade utökat utställningen med några danska exempel som Jacob Taekkers verk *Today I Died* (2011). *Today I died* är ett interaktivt verk där man med hjälp av en ljuspistol kan skjuta på en karaktär på skärmen. Karaktären faller död ner med återuppstår snart igen, men den skjutna kroppen ligger kvar på skärmen och under dagen kommer skärmen att fyllas med döda kroppar medan ett räkneverk håller reda på hur många gånger karaktären har dött. Troels Hugo Cederholms bidrag *Broken Dimensions* var ett examensarbete från Danske Akademi for Digital, Interaktiv Underholdning. Pippin Barr som vid tidpunkten var knuten till Center for Computer Games Research vid IT University i Köpenhamn deltog i utställningen med det uppmärksammade spelet *The Artist Is Present* (2011). Både Cederholms och Barrs dataspel är exempel på hur gränsen mellan dataspel och konst håller på att luckras upp eftersom verken rör sig obehindrat mellan indiegamescenen och konstscenen.

I Norge kan man nämna två utställningar. *Game Dump* (2005) på Bergen Kunsthall med konstnärer som Feng Mengbo, Brody Condon och Escape from Woomera Team. De svenska konstnärerna Simon Goldin och Jakob Senneby medverkade med *Objects of virtual lust* även om det verket mer handlar om virtuell ekonomi och immateriella objekt i Second Life än om dataspel. Den andra utställningen hölls också 2005 under den årliga *Pixel* - festivalen på Hordaland Kunstsenter och kallades *NO FUN!*. Några av verken från *NO FUN!* ingick också i festivalen *Pixelache 2006* i Helsingfors men inte heller i den här utställningen fanns det några nordiska konstnärer representerade.

Vestlandske Kunstindustrimuseum visade hösten 2010 utställningen *PRESS PLAY – kunsten i dataspill* som beskrivs som den första utställningen med dataspelsgrafik på ett norskt konstmuseum. Den koncentrerade sig främst på nordiska underhållningsspel för PC men i utställningen fanns även grafik med från indiespel som *The Path* (2009) av Tale of Tales och *Limbo* av PlayDead Studios som bägge fått erkännande för sitt konstnärliga uttryck. Dataspelsgrafiken kan nu vara svår att bedöma när den lyfts ut från sitt sammanhang in i en utställning. Den reduceras oftast till visuella bilder som hamnar i gränslandet mellan design, illustration och konst.

I Finland finns det mycket få uppgifter om tidiga utställningar med Game Art. En utställning som dyker upp är *Alien Intelligence* som hölls år 2000 på Kiasma Museum of Contemporary Art i Helsingfors. Det är främst ett verk i utställningen som knyter an till dataspel och konst och det är den holländska konstnären Arno Coenens 5.25x5.25 meter stora mosaikgolv i museets entré med Lara Croft från spelet Tomb Raider. Det har också funnits andra enskilda verk som ingått i New Media Festivaler som Pixelache men det är istället en enskild konstnär som har gjort det starkast avtrycket på den finska Game Art scenen, nämligen Petri Hytönen. Petri Hytönen tillbringade ett år i den virtuella världen i *Grand Theft Auto (GTA*). Han njöt av friheten att utforska den virtuella världen med dess detaljerade utformning och blev fascinerad av karaktärerna och handlingen i spelet. Istället för att gå ut i den verkliga världen för att hitta nya motiv för sin konst trädde han in i den virtuella världen. Resultatet av denna erfarenhet blev *GTA* -

SAGA cirka 30 akvareller med situationer från GTA, som har ställdes ut på Galleri Thomasse i Göteborg 2008.

Av de nordiska länderna har Sverige haft den starkaste positionen inom Game Art. En förklaring kan vara en lång tradition med en framgångsrik dataspelindustri i kombination med ett tidigt intresse för New Media Art. Det finns en handfull konstnärer som de senaste åren på olika sätt skapat konst inspirerad av dataspel. Förutom Torsson och Bernstrup kan nämnas Kristoffer Zetterstrand, Olle Essvik, Johan Löfgren, Arne Kjell Vikhagen m.fl.

När det gäller att skapa plattformar för New Media Art och elektronisk konst kan man lyfta fram biennalen Electrohype i Malmö som startade 1999 av Lars Gustav Midbøe och Anna Kindvall. Electrohype fungerade under många år som en viktig plattform för att introducera datorbaserade konst i Sverige. Under biennalen 2002 visade den svenska konstnären Rikard Lundstedt verket *Sound Room* ett ljudkonstverk skapat med hjälp av dataspelet *Half-Life*. Landskapet i *Sound Room* är minimalistiskt, mörkt med ett vitt galler mot en horisont, men å andra sidan är ljudet desto fylligare med 36 olika toner som spelas beroende på dina rörelser i rummet.

2006 fick biennalen Electrohype besök av Cory Arcangel som visade det idag klassiska Game Art verket *Super Mario Cloud* på Lunds konsthall. I utställningen fanns även några träskulpturer av den svenska konstnären Mattias Nordéus. Nordéus träskulpturer påminde betraktaren om hur den tidiga polygona videografiken såg ut, när man kunde se hur modellerna var uppbyggda av olika former, av polygoner, så att karaktärerna blir lite kantiga i kroppen och ansiktsdragen.

Mejan Labs i Stockholm som öppnades 2006 tog sedan över stafettpinnen från Electrohype och blev en viktig inkörsport för New Media Art i Sverige. Mejan Labs curatorer Björn Norberg och Peter Hagdahl producerade också den första utställningen med Game Art i Sverige. Utställningen *Game Art* öppnade hösten 2007 i Stockholm och turnerade sedan vidare till bl a Umeå och Luleå. Precis som med de tidigare nordiska utställningarna med Game Art var det internationella konstnärer som Feng Mengbo, Linda Erceg, Gonzalo Frasca och Joseph Delappe som ställdes ut. Den enda svenska deltagaren i utställningen var Göran Sundqvist, men han var en ingenjör som 1960 skapade ett av de första dataspelen Sverige, ett enkelt missilspel för ett oscilloskop.

När utställningen *Game Art* visades på Bildmuseet i Umeå bestod en del av utställningen av en nybildad grupp med sju studenter från Konsthögskolan i Umeå som kallade sig *Dataspelsgruppen*. *Dataspelsgruppen* använde sig av dataspel som konstnärliga verktyg för att kollektivt utforska den konstnärliga processen i gränsområdet mellan konst och speldesign. *Yod Burrow and the mix-up of Chaste City* var deras första projekt, som vid utställningen fortfarande var pågående, så man ställde ut skärmdumpar och skisser på museet. Ida Rödén som ingick i *Dataspelsgruppen* skapade senare tillsammans med spelutvecklaren Jens Andersson spelet *Rorschach*. Ida stod för den konstnärliga gestaltningen, där grafiken i spelet var inspirerad av rorschachmönster.

Spelet var en detektivhistoria som utspelade sig på ett mentalsjukhus. *Rorschach* är ett exempel på ett spel med konstnärliga ambitioner och som pendlar mellan indiegame, art game och konstverk.

I Umeå ligger även Galleri Maskinen som är ett konstnärsdrivet galleri. Våren 2010 samarbetade man med institutionen HumLab vid Umeå Universitet kring en machinima-screening. Machinima är film gjord i dataspel och utställningen är värd att nämnas då det nog är första gången som en samlingsutställning med machinima visats på ett galleri i Sverige. Intuitionen HumLab har också spelat en viktig roll i Sverige för att skapa en akademisk plattform mellan dataspel, kultur och forskning. Tillsammans med curatorn Sachiko Hayashis har man bland annat drivit Yoshikaze *Up-in-the-Air* Residency programme som är en konstnärsstudio i *Second Life (SL)* och som erbjuder konstnärer möjligheten att vistas en till tre månader i SL och arbeta med ett konstnärligt projekt. Sachiko Hayashis är även redaktör för tidskriften *HZ-journal*, en engelskspråkig tidskrift om New Media Art som i olika artiklar skrivit även om Game Art.

2008 arrangerade konstnärerna Olle Essvik och Erik Boström utställningen *My Computer* på 300m2 galleri i Göteborg. Utställningen bestod av ett tjugotal konstnärer, svenska och internationella, och visade olika exempel på konst där datorn har varit en viktig förutsättning för konstverket. En del av verken bestod av dataspelsinspirerad konst av svenska konstnärer som Arne-Kjell Vikhagen, Johan Löfgren och Kristoffer Zetterstrand. Olle Essvik har själv under många år skapat konst inspirerad av dataspel och tilldelades 2010 projektmedel från Konstnärsnämnden för att kunna färdigställa två konstverk i form av dataspel baserade på Samuel Becketts dramer *I väntan på Godot* och *Endgame*. De två konstverken presenterades under hösten 2011 på Galleri 54 i Göteborg.

I Göteborg hittar man även Arne Kjell Vikhagen. Vikhagen började som konstnär och skapade dataspelsbaserade verk som *Too Close for Comfort* (2004) och *Veøy* (2006). De senaste åren har han varit verksam som doktorand vid Göteborgs Universitet och arbetat med en avhandling om dataspel och konst. Vikhagen är idag knuten till Akademin Valand där han under hösten 2013 startade en distansutbildning om *Konst, lek och spel* med fokus på dataspelens betydelser för samtidskonsten.

Efter att Mejan Labs stängde 2009 har Datamuseet i Linköping under ledning av Thomas Clifford axlat rollen som den intuition i Sverige som visar Game Art och spelkonst för en större publik. Utställningen *Hjärta spel* som hade vernissage i Linköping i september 2012 är den hittills största utställningen producerad med spelkonst i Sverige. Majoriten av deltagarna i utställningen är från Sverige som Per Fhager, Kristoffer Zetterstrand, Johan Löfgren, Mikael Vesavuori och Johan Thurfjell. De internationella inslagen representeras av bl.a Tale of Tales och Laura Vidal.

Ska man sammanfatta utvecklingen de senaste 20 åren av Game Art eller spelkonst i Norden så kan se att Sverige tidigt tog på sig ledartröjan och har behållit den på. Men Game Art har i Norden aldrig fått något större genomslag eller fäste i samtidskonsten som en egen konstform. Jämför man med videokonsten så finns det inte samma intresse för dataspelsbaserad konst även om dataspel i jämförelse med film idag utgör en stor del av vår kultur och vardag. En förklaring kan vara att det har saknats plattformar för den här typen av konstnärliga uttryck. Det finns en hel del videokonstfestivaler och utställningar inriktade mot videokonst, men saknas i samma utsträckning för dataspelsbaserad konst. På samma sätt som konstvideo idag kan röra sig mellan konst- och filmvärlden rör sig dataspelskonst i gränslandet mellan konst- och dataspelsvärlden. En plattform eller scen för dataspelsbaserad konst borde därför ligga mittemellan konst- och dataspelsvärlden. Man kan t ex snegla på Tyskland som ett bra exempel. Här finns de återkommande *A Maze Festival* och *Next Level Conference* som är mötesplatser där kreativa och konstnärliga dataspel kan mötas oavsett om de kommer från indiescenen, konstscenen eller bara är kreativa experiment.

Konstnärliga modifikationer av dataspel. Top 10 art mods.

När konstnärer i slutet av 90-talet började skapa konst inspirerad av dataspel handlade det till största delen om modifikationer av kommersiella dataspel, dvs. man ändrade befintliga spel på olika sätt så att de fick konstnärliga kvalitéer. I de tidigaste utställningarna var det därför vanligt att man beskrev den nya konstformen i begrepp som ”modification”, ”patches” eller ”art mods” som i utställningarna *synreal: The Unreal modification* (1998) eller *Cracking the Maze: Game Plug-ins and Patches as Hacker Art* (1999).

Fram till 1990 hade de flesta dataspel bestått av tvådimensionell grafik där man styrde en karaktär eller farkost genom ett landskap som *Super Mario Bros, Pac Man* och *Space Invaders*. I början av 1990-talet fick FPS-genren sitt genombrott med titlar som *Wolfenstein 3D* (1992) och *Doom* (1993) båda utgivna av företaget Id Software. Det unika och annorlunda med dessa speltitlar var dels utvecklingen av en kraftfull grafikmotor som skapade bilden av en 3D-värld istället för den tvådimensionella spelplanen som tidigare hade dominerat. För det andra så utspelades handlingen i spelet i första person (First Person Shooter). Som spelaren styrde du inte längre en figur på skärmen utan du var själv figuren och såg spelet utifrån första person, vilket för det mesta innebar att du tittade rakt ner på ditt laddade vapen.

En annan viktig teknisk innovation som dök upp samtidigt med FPS var möjligheten att själv skapa egna banor och karaktärer till spelen. Id Software hade redan vid lanseringen av *Wolfenstein 3D* märkt att spelarna försökte bygga egna banor och när man året därpå släppte *Doom* gjorde man vad man kunde för att underlätta för spelarna att själva ändra i spelet.

Både John Romero och John Carmack som var hjärnorna bakom id Software hade börjat sina karriärer genom att hacka och ändra andras spel och ville därför ge något tillbaka till spelsamhället och samtidig skapa något som gav mervärde till det nya spelet. Så här i efterhand kan man konstatera att det var ett klokt beslut. *Doom* sålde i över fyra miljoner kopior och låg länge på topplistorna över de mest sålda dataspelen. Dataspelet *Doom* förändrade inte bara spelvärlden utan skapade också förutsättningarna för en helt ny konstform.

FPS-genren utvecklades snabbt med titlar som *Doom II* (1994), *Quake* (1996), *Unreal* (1998) och *Half-Life* (1998). Till de nya spelen fanns spel- och banverktyg som gjorde det möjligt för vem som helst att skapa nya banor, karaktärer och vapen som spelarna sedan kunde sprida via Internet till andra spelare. Det uppstod snart en uppsjö av mods (modifikationer) till kända speltitlar som både förlängde livslängden på spelen och skapade en växande subkultur och community kring dem. Det var i denna miljö som en helt ny generation konstnärer växte upp med dataspel och de började snart experimentera med spelverktygen och undersöka hur de kunde användas i konstnärliga sammanhang.

Den första samlingsutställningen med konstnärliga modifikationer av dataspel ägde rum 1998 och fick namnet *synreal: The Unreal modification. Unreal* (1998) var namnet på en speltitel från Epic Games och utställningen bestod av ett antal konstnärer som hade skapat nya banor till spelet *Unreal*. Ser man till vilka konstnärer som deltog i *synreal* kan man konstatera att många av dem är idag internationellt stora på New Media Art scenen som konstnärsduon Jodi, Axel Stockburger och Vuc Cosic.

Att den tekniska utvecklingen går snabbt framåt på området är utställningen *synreal* ett bra exempel på. Konstnärliga modifikationer av dataspel är visserligen en ung konstform men det är också en konstform som åldras väldigt snabbt vilket *synreal* är ett bevis på. Den tekniska specifikationen för att spela eller uppleva dessa konstnärliga banor beskrivs på hemsidan på följande sätt: Minimumkravet är en dator med Pentium II 200 Mhz, 64 RAM och ett grafikkort på 8 MB, dvs. en dator som i knappt idag kan använda till ordbehandling.

I juli 1999 lanserades on-line utställningen *Cracking the Maze: Game Plug-ins and Patches as Hacker Art*. Utställningen var sammanställd av Anne-Marie Schleiner som idag räknas som en av de kända konstnärerna och teoretikerna inom området. Utställningen handlade nu inte bara om konstnärer som gjorde olika modifikationer till dataspel utan i utställningen deltog även riktiga ”game hackers”. Skillnaden mellan vad som är en konstnärlig modifikation av ett dataspel och vad som är modifikation gjord av en programmerare handlar i många fall bara om kontexten. Även om konstnärliga modifikationer redan hade visat på den etablerade konstscenen som festivalen Ars Electronica i Linz och Arken museum för samtidskonst utanför Köpenhamn betraktades den här typen av konst av den etablerade konstvärlden fortfarande som något suspekt. I förordet till utställningen beskriver Schleiner om en av orsakerna till detta:

"Many artists, art critics, new media critics and theoreticians have expressed a disdain for games and game style interactivity, in fact, to describe an interactive computer art piece as "too game-like" is a common pejorative."

Utställningen *Cracking the Maze* bestod liksom *synreal* av konstnärliga modifikationer till befintliga spel som *Unreal, Tomb Raider, Quake* och *Marathon Infinity*. Dessa modifikationer kunde efter den öppna källkodens princip laddas ner och spelas av den som var intresserad och som hade originalspelet installerat på sin dator. En av de mest namnkunniga i utställningen var konstnärsduon Jodi som presenterade det idag klassiska verket *SOD*, en modifikation till spelet *Wolfenstein 3D*.

Samma år arrangerade också utställningen *Reload* i Berlin. Fyra konstnärer deltog med var sin modifikation till dataspelet *Quake*. Utställningen handlade om virtuella rum och hur spelarkitekturen skapade dessa rum. Konstnären Tom Ehininger återskapade i utställningen ett hus av arkitekten

Robert Mallet-Stevens från 1923. Holger Friese skapade stora tomma rum där väggarnas texturer hämtades från hans privata bildarkiv och Christine Meierhofer utgick från befintliga spelplaner i *Quake* som hon omformade så att ett helt nytt spel uppstod vilket innebar att spelaren behövde skapa sig nya orienteringspunkter. NoRoom gallery alias Florian Muser och Imre Oswald återskapade med hjälp av dataspelt *Quake* en interaktiv version av Hambuger Kunshalle.

De konstnärliga modifikationerna är beroende av originalspelet för att fungera. Konstnären måste också anpassa sig till de referensramar och begränsningar som tillverkarna har byggt in i spelet. Den konstnärliga utmaningen ligger i att töja på dessa gränser och skapa nytt innehåll och mening i ett befintligt dataspel. Konstnärliga modifikationer av dataspel var väldigt vanligt från mitten av 90-talet till början av 2000-talet, men intresset har kraftigt minskat sedan dess. Konstnärsduon Jodi har i en intervju pekat på att möjligheten att förändra nya spel har blivit så standardiserade att det är svårt att skapa något intressant ur ett konstnärligt perspektiv. I äldre spel var det lättar att komma djupare ner i koden och ändra spelets fundamentala regler och inte bara den synliga ytan. En annan anledning kan vara att det idag finns många verktyg och program på marknaden som gör det relativt enkelt att själv skapa ett eget spel från grunden och att man därför inte behöver förlita sig på kommersiella titlar. Istället har det blivit vanligt att konstnärer skapar machinma (film gjord i dataspel) och gör performance i kommersiella dataspel.

Om man skulle lista de 10 viktigaste och intressantaste konstärliga modifikationer av dataspel skulle listan kunna se ut så här:

1. ArsDoom

Genombrottet för konstnärliga modifikationer av dataspel kan dateras till 1995 då de österrikiska konstnärerna Orhan Kipcak och Reini Urban skapade *ArsDoom* till mediafestivalen Ars Electronica i Linz Österrike. *ArsDoom* bestod av en helt ny spelplan till *Doom II* (1994). Spelplanen var en digital kopia av utställningslokalen Brucknerhaus i Linz. Besökarna kunde antingen spela spelet på plats i utställningsrummet eller ladda ner filerna via nätet och spela hemma på sin egen dator. I *ArsDoom* rör du dig i en virtuell kopia av den verkliga utställningen och dina motståndare är de utställande konstnärerna som Baselitz, Koone, Nitsch och Rainer. Beväpnad med bl a penslar och träkors kan spelaren döda motståndarna/konstnärerna och förstöra konstverken.

2. Museum Meltdown

Museum Meltdown är det första exemplet i Norden på en konstnärlig modifiering av ett dataspel. Till utställningen hade de två konststuderande Palle Torsson och Tobias Bernstrup modifierat, dvs. förändrat det kommersiella dataspelet *Duke Nukem 3D* (1996) och i spelet skapat en virtuell kopia av arkitekturen från Arken museum. I det nya spelet kunde besökaren springa omkring i Arkens museum och skjuta på både monster och konsten. Under de följande åren fortsatte

Bernstrup och Torsson att skapa nya versioner av *Museum Meltdown*. 1997 gjorde de en version för Contemporary Art Centre i Vilnius, Litauen och en tredje version lanserades 1999 på Moderna Museet i Stockholm.

3. Untitled Game

Under perioden 1996 -2000 skapade konstnärsduon Jodi tolv modifikationer av dataspelet *Quake* som de döpte till *Untitled Game*. Undertiteln på filerna hade kryptiska namn som *ctrl-9, G-R* och *E1M1AP*. I *Untitled Game* har Jodi som i många andra av sina nätkonstverk dekonstruerat spelet, det går fortfarande att spela, eller rättare sagt spelkänslan finns kvar, men man rör sig i ett rum där själva strukturen är upplöst och där invanda spelmönster blir ifrågasatta.

4. Q4U

Konstnärliga modifikationer av dataspel fick i början av 2000 allt större uppmärksamhet och högre status på konstscenen. Några tecken på detta är den kinesiska New Media Art konstnären Feng Mengbo som deltog på *Dokumenta 11* (2002) i Kassel med verket *Q4U* som bestod av en modifikation av spelet *Quake III Arena*. I spelet kunde besökarna spela *Quake,* men alla spelarna såg ut som konstnären Feng Mengbo med naken överkropp och ett par amerikanska armébyxor. Besökarna kunde i spelet döda konstnären, eller i alla fall försöka utplåna några av de otaliga kopiorna som sprang omkring i spelet. I *Q4U* är det inte bara konsten som kan kopieras och massproduceras i det oändliga utan även konstnären.

5. The Velvet-Strike team

När Whitney Biennalen presenterades 2004 var en av deltagarna *The Velvet-Strike team* som bestod av konstnärerna Anne-Marie Schleiner, Brody Condon och Joan Leandre. De hade skapat en modifikation till spelet *Counterstrike* som innebar att spelarna fick möjlighet att spreja graffiti med antikrigsbudskap i spelet. Modifikationen var en politisk kommentar till det pågående Irak-kriget.

6. Hotel Synthifornia

År 1998 deltog Sylvia Eckermann och Mathias Fuchs i utställningen *Synreal: The Unreal Modification* (1998). Deras modifikation *Hotel Synthifornia* var en ny bana till spelet *Unreal* och kan beskrivas som en blandning mellan inredningen i Stanley Kubricks film *The Shining* och musiken från Eagles legendariska låten *Hotel California*. Spelaren vandrade runt i ett hotell med många rum, men ingen utgång. I rummen fanns gamla syntar utplacerade som man kunde spela på.

7. Bio Tek Kitchen

Josephine Starrs och Leon Cmielewski skapade 1999 en modifikation till FPS-spelet *Marathon* med titeln *Bio Tek Kitchen*. I spelet attackeras spelaren i ett kök av muterade grönsaker skapade av ett hänsynlöst företag med ambition att ta över världens livsmedelsproduktion. Spelet har ett samhällskritiskt budskap om hur stora internationella företag försöker lägga livsmedelsmarknaden under sig och den pågående forskningen kring genmanipulation av grödor.

8. L.H.O.O.Q

Konstnären Robert Nideffer skapade 2000 en patch med namnet *L.H.O.O.Q* till dataspelet *Tomb Raider* så att spelets hjältinna Lara Croft fick mustasch och getskägg. Titeln och skägget är en konsthistorisk parafras till Marcel Duchamps målning där han målade mustasch på da Vincis berömda målning *Mona Lisa*. *L.H.O.O.Q* handlar också om könsroller i dataspel. Nästan alla hjältar i dataspelen är män. Lara Croft är ett undantag, men å andra sidan är hon en väldigt sexig och stereotyp hjältinna. Vad händer om man sätter skägg på henne?

9. qqq

Tom Betts alias Nullpointer skapade 2002 *qqq* en modifiktion till *Quake*. Han manipulerar dataspelets grafikmotor så att arkitekturen löses upp i olika grafiska element med flytande färgfläckar som ständigt förändras och skapar nya abstrakta mönster. Precis som Jodis *Untitled Game* är den en dekonstruktion av arkitekturen och grafiken i spelet som spelaren möter.

10. SimBee

Rainey Straus och Katherine Isbister skapade en modifikation till dataspelet *Sims* som de kallade *SimBee* (2004). Det var en parodi på Vanessa Beecroft performance där hon använder sig av lättklädda modeller som poserar inne i konsthallen. *SimBee* undersöker dels voyeurism men också vad som händer när man överlämnar simulationen av en performance till en dator och låter händelseförloppet följa de inprogrammerade parametrarna i spelet.

Pippin Barr och Marina Abramovic institut – dataspel om performance

Med spelet *The Artist Is Present* fick Pippin Barr internationell uppmärksamhet både i konst-och dataspelsvärlden. Spelet handlade om Marina Abramovic performance på MOMA i New York 2010. En performance där publiken fick möjlighet att sitta öga mot öga med den världsberömda performancekonstnären. Utanför MOMA ringlade sig köerna långa för det var många som var villiga att vänta i timmar för att få möjlighet att vara med om denna speciella performance och det är detta som Barrs spel handlar om. Att stå i kö i flera timmar, att betala $25 för att komma in på museet för att slutligen få sitta en stund framför konstnären. Barrs spel ser ut som om det skulle kunna ha varit gjort på 80-talet med pixelgrafik, begränsad färgpalett och en tvådimensionell platt miljö. Det utspelar sig dessutom i realtid vilket betyder att du måste tillbringa många timmar i kö för att komma in till museet, precis som i verkligheten. Det är ett spel som kräver tålamod och uthållighet nästa som en performance av Abramovic.

Det var inte bara nyheterna som tyckte att spelet var intressant utan även Abramovich fick höra talas om det och provade det. Vilket ledde till att Barr vid sidan av Lady Gaga, Jay-Z och många andra nu hjälper till att stödja Abramovich Kickstarter projekt att bygga ett institut åt henne i New York. I Barrs fall handlar stödet om ett dataspel som heter just *The Digital Marina Abramovic Institute* (2013). I spelet har man möjlighet att utföra ett antal övningar utformade enligt

Marina Abramovic metoden. Metoden består av meditativa övningar som ska öka utövarens uthållighet både för kropp och medvetande och förbereda honom/henne för att kunna utföra långa uthålliga performance som Abramovic är känd för. I en video på nätet har vi kunnat se Lady Gaga utföra några av dessa övningar, som i en del i hennes stöd för att samla in pengar till Marina Abramovic Institute. Tanken är att det på Marina Abramovic Institute ska finnas ett antal rum där man kan utföra dessa övningar, men innan institutet finns fysiskt så finns det alltså i en digital version på nätet med Pippin Barrs karaktäristiska 8-bitars grafik.

Vem är då Pippin Barr och vad gjorde han innan han klev in i samtidskonstens spotlight? Barr var så gott som okänd både för dataspels- och konstvärlden för några år sedan. Han har en doktorsexamen med inriktning mot dataspel och en teknisk masterexamen om användarvänliga gränssnitt. En CV som snarare passar en teoretisk forskare än en konstnär. Det var först 2011 som Barr började skapa egna dataspel så man kan tala om en osannolik raketkarriär från att ha varit en okänd indiegameutvecklare till inom loppet av ett par år bli omskriven tillsammans med en av världens mest kända performancekonstnärer.

Före genombrottet med *The Artist Is Present* hade Barr bara skapat några enstaka spel som *GuruQuest, Let There Be Smite!* och *Safety Instruction*". Barrs spel är alltid enkla, både till form och innehåll. Han har själv beskrivit sin stil som *Sierra-style* efter det kända dataspelsföretaget Sierra-Online som startade 1979 i Kalifornien. Sierra-Online har gått till historien för sina grafiska äventyrspel som man började producera under 80-talet med kända titlar som *King's Quest* och *The Leisure Suit Larry*. Att Barrs första spel heter *GuruQuest* och att många av hans karaktärer i spel som *Art Game*, *Zorba* och *The Artist is Present* har samma spinkiga kroppsbyggnad som huvudpersonen i *The Leisure Suit Larry* är exempel på Barrs influenser av Sierra-stilen.

Det var egentligen bara en tillfällighet, en kul idé, som gjorde att Barr valde att göra ett spel om Abramovich performance. Han hade själv inte upplevt performancen utan bara läst om den. Generellt är nu en performance ofta en bra konstform att göra ett dataspel av. I t ex *The Artist Is Present* finns det många beståndsdelar som påminner om ett spel. Det finns ett mål, något att uppnå, att komma in på museet och träffa konstnären, men för att nå detta mål måste man klara några utmaningar, du måste stå i kö, betala inträde osv. Det finns en interaktivitet, en delaktighet, du kan själv välja och prova dig fram om det finns något som kan påverka utgången i spelet eller upplevelsen av performancen. Det finns också, precis som i ett spel, ett antal bestämda regler som du måste följa för att klara uppdraget.

Om man ska göra ett dataspel av en känd performance kan man välja mellan två sätt. Dels kan man utföra en performance i ett on-line spel, så kallad re-enact. Eva och Franco Mattes uppförde några kända performance i Second Life under åren 2009-2010 som Chris Burdens *Shoot* (1971), Vito Acconcis *Seedbed* (1972) och Valie Exports *Tapp und Tastkino* (1968-1971). Konstnärsgruppen Coll.eo (Colleen

Flaherty and Matteo Bittanti) har t ex återskapat Vito Acconcis berömda performance *Following Piece* i staden Liberty City som du hittar i spelet *Grand Theft Auto IV*. I originalet följde Acconci efter okända personer som han mötte på gatan. I Coll.eo fall följde man under en månad efter icke-spelare i den digitala staden och dokumenterade deras förehavanden med bilder och video.

Det andra sättet är att göra som Barr, att skapa ett nytt dataspel av en performance som vem som helst sedan kan spela. Förutom Barr kan man nämna konstnären Mark Beasley som 2007 skapade en triologi med dataspel som bygger på Acconcis performance *Following Piece* (1969), *Centers* (1971) och *Seedbed* (1972). Av någon anledning är Acconcis verk *Following Piece* populärt att återskapa i digitala världar. En förklaring kan vara att det är ett interaktivt verk som är lätt att göra om till ett dataspel, man följer efter någon i en miljö, sedan handlar verket också om övervakning vilket är ett aktuellt ämne i samtidskonsten och på Internet.

Många av Barrs spel är anti-spel som *Ancient Greek Punishment* (2011) där man ska spela någon av den grekiska mytologins evigt straffade hjältar som Sisyfos, Tantalos eller Prometheus. Det säger sig själv att du aldrig kan vinna i dessa spel. Sisyfos sten kommer alltid att rullar nedför backen igen och Tantalos kommer aldrig att nå frukten eller lyckas dricka vattnet han står i. Även i spelet *All's Well That Ends Well* (2011) verkar handla om misslyckande och det omöjliga. Precis som i ett klassiskt arkadspel så är du en pilot som ska flyga genom ett missilregn till andra sidan av skärmen.

Problemet är bara att missilregnet är en kompakt ridå och ogenomträngligt. Du flyger skjuts ner, reser dig upp, flyger en bit till, skjuts ner igen, osv. Det finns inga poäng att vinna eller liv att förlora, så du tar dig mot alla odds framåt på skärmen och når slutligen ditt mål och kan gå vidare till nästa nivå. Spelet känns nästan som en metafor för livet i stort. Trots stora motgångar rör man sig framåt bara man härdar ut, reser sig och fortsätter framåt. Kanske är det i den här typen av spel som vi hittar släktskapet mellan Abramovichs och Barrs konstnärskap. Abramovich mest kända performance handlar om fysisk påfrestning, om en kropp som utsätts för långvarig upprepad fysisk smärta av olika slag, men som uthärdar och klarar av det. Abramovich knyter i sitt konstnärskap också an till meditation, schamanism och inre resor. Under tre månader befann hon sig t ex i Australiens öken isolerad för omvärlden. På samma sätt påminner många av Barrs spel om meditativa eller performativa övningar med sina upprepningar av enkla rörelser och moment som försöker tänja på dataspelets gränser och regler.

Ett annat spel av Barr heter *Trolley problem* (2011) och bygger på ett etiskt tankeexperiment skapat av den brittiska filosofen Philippa Foot 1967. Dilemmat är frågan om när det är etiskt att offra någon oskyldig för att rädda flera människor liv. Spelet bygger på en liknelse som Foot gjorde. Framför dig ser du en järnväg, det finns en växel som gör att du kan växla in tåget på ett annat spår. Om du inte gör något kommer tåget att köra över tre personer som sitter fast på spåret. Växlar du däremot in tåget på det andra spåret då kommer du ”bara” att döda en person. Sedan ställs du inför olika varianter av problemet. Hur förändras ditt beteende om den ensamma personen på spåret är en tjock person eller om det skulle vara din mamma? En invändning mot spelet är att det är ett spel och i ett spels natur ligger att spelaren alltid försöker prova olika kombinationer och scenarier för att se vad som ger bäst utdelning. Du kan alltså spela Barrs spel flera gånger och prova olika strategier för att komma fram till det mest fördelaktiga valet, i det verkliga livet får du bara en chans och måste sedan leva med ditt val.

Det intressanta i sammanhanget är att Abramovich har gjort en performance som handlar om ett liknande etiskt problem. I ett galleri i Neapel 1974 framfördes hon *Rhythm O*. Under sex timmar stod konstnären helt passiv i galleriet och var fullt tillgänglig för publiken. På ett bord framför hennes fanns olika föremål som kunde tillföra njutning eller smärta. Hur skulle publiken reagera? Skulle situationen ta fram publikens empatiska karaktärsdrag eller mer mörka sidor? Till en början var besökarna vänliga men allt eftersom natten led blev närmandena allt mer hotfulla. Med ett rakblad skar någon plötsligt sönder Abramovich kläder och någon annan utsatte henne för sexuella trakasserier. Det hela kuliminerade när en av besökarna satte en skarpladda revolver i hennes hand och riktade den mot hennes huvud. Som i *Trolley problem* står besökarna inför ett etiskt dilemma. Hur mycket kan man utnyttja en oskyldig människa som inte kan försvara sig. Inte alls skulle de flesta svara, men om det är frågan om ett konstverk och konstnären dessutom har gett sitt medgivande att hon står tillgänglig för publikens önskningar? Ligger det inte då i performancens struktur att testa gränserna precis som i ett dataspel? Vad kan man egentligen göra? Hur långt kan man gå? Om ingen gjorde något provocerande, om det inte fanns några personer i publiken med tvivelaktig moral eller som var beredda att töja på de estiska ramarna i situationen då skulle det ha blivit en ganska tråkig performance och inte blivit omtalad som en av Abramovich mest kända.

Det nya samarbetet mellan Pippin Barr och Marina Abramovic känns därför som mycket spännande. Barrs spel visar också att det finns en del beröringspunkter mellan dataspel och performance som kan vara värda att undersöka närmare ur både ett teoretiskt och ett konstnärligt perspektiv. Det finns all anledning att hålla ett öga på vad Pippin Barr tar för sig de närmaste åren. För han enkla spel håller på att förändra synen på vad som är konst och vad är dataspel.

Art Games – varken dataspel eller konst

Det finns konstnärer som gör dataspel och det finns dataspel som betraktas som konst. Man brukar benämna de här spelen för Art Games, konstnärliga dataspel om man skulle översätta det till svenska. När man pratar om dataspel som konst brukar det egentligen handla om två olika diskussioner. Den första handlar om konstnärer som inspireras av dataspelens estetik, teknik och kultur och som skapar dataspel eller dataspelsinspirerad konst som en del av sitt konstnärskap. Konstnärer har under alla tider använt sig av nya tekniker och nya medier för att skapa konst. När fotografiet introducerades i början av 1800-talet dröjde det inte länge innan konstnärer började experimentera och använda fotot för att skapa konst och så småningom föddes det som vi idag kallar fotokonst. Samma sak gäller med filmen, den utvecklades till videokonsten, datorer blev databaserad konst, internets genombrott skapade internetbaserad konst och dataspel blev dataspelskonst eller Game Art som det kallas internationellt. Inom samtidskonsten är det inte speciellt märkvärdigt att ett konstverk är ett dataspel, lika lite som om det skulle kunna vara en videofilm, en pissoar eller en text. För samtidskonsten är det istället idén, innehåll och kontexten som är viktigare än vilket medium som konstnären använder sig av. Att dataspel dessutom tillhör populärkulturen, en kulturform som traditionellt har en låg status är inte heller något problem för konstvärlden. Sedan 60-talet har populärkulturens omfamnas av konstvärlden främst genom konstnärer som Andy Warhol, Roy Lichtenstein och andra som skapade pop-konsten där man inspirerades av reklam- och serievärldens bildspråk och motiv.

Den andra diskussionen handlar om dataspel kan vara en konstform precis som teater, film eller litteratur. Här har det de senaste åren pågått en livlig diskussion som ofta missar själva grundpoängen. Dataspel i sig själv är inte konst, lika lite som ett foto, en bok eller en film automatiskt kan betraktas som ett konstverk. Dataspel är i grunden en teknik, ett medium som kan användas till många olika saker. En film kan produceras för att roa människor, men den kan också vara dokumentär, pedagogisk, konstnärlig eller experimentell. Att säga att en Hollywood produktion som *Die hard IV* skulle vara ett konstverk bara för att det är en film är att gå till överdrift. Däremot kan nog de flesta hålla med om att t ex Ingemar Bergmans *Det sjunde inseglet* har konstnärliga kvalitéer och kan betraktas som ett konstverk. Samma sak gäller för dataspel. Majoriteten av spelen är gjorda för att vara underhållning och i många fall är de riktigt bra underhållning, men det betyder inte att alla dataspel kan betraktas som konst.

Att definiera vad som är konst är nu ingen lätt uppgift och definitionen har också förändrats under historiens gång. Dataspel som vi idag betraktar som rena nöjesprodukter kan mycket väl i framtiden betraktas som konstverk, men de flesta dataspel idag betraktas inte av tillverkarna själva som konstverk utan som nöjesprodukter. De kommersiella dataspelen är dessutom ganska industriellt utformade och följer givna mallar precis som många Hollywood filmer. Man måste ta hänsyn till en stor budget och en marknad som ger små möjligheter för konstnärliga och kreativa experiment. Det finns dock en växande grupp framförallt indiegametillverkare som ser sina spel som konst eller som säger att deras spel har konstnärliga kvaliter och det här som de två diskussionerna om dataspel och konst flyter ihop i begreppet Art Games.

Diskussionen om dataspel som en konstform påminner annars mycket om den diskussion som har följt filmens utveckling. I slutet av 1800-talet betraktades teatern som den höga konstformen. När man började visa film på biografer i början av 1900-talet så framstod den som en låg kulturform som var direkt skadlig för unga människor. De som kröp in i biografmörkret i någon av de otaliga Nickelodeon som blomstrade i USA i början av 1900-talet kunde räkna med att hemfalla åt drogmissbruk, moraliskt förfall och brottslighet. Film visade sig nu vara en lönsam affär som lockade en stor publik och snart kunde man förvärva kända teaterstjärnor till filmbranschen eller så skapade man egna filmstjärnor som förbättrade filmens rykte. Idag har film en hög status inom kultursfären med stora festivaler, priser och många regissörer som räknas som banbrytande konstnärer inom sitt område. En liknande utveckling finner man också inom dataspelens historia. Från början var det en låg kulturform som ansågs direkt skadlig för unga, men med åren har dataspelen växt sig till en stor industri med sina egna stjärnor och blivit en viktig del av populärkulturen. Idag har dataspelen dessutom börjat leta sig in och påverka andra "högre" kulturformer och man har insett att dataspel kan användas till fler saker än bara till nöje från pedagogiska spel till seriösa spel om politik och samhällsproblem. Vi ser därför allt oftare olika konstnärliga uttryck i form av dataspel inom flera kulturområden.

Konstnärliga eller kreativa dataspel är nu inget nytt utan man kan hitta exempel från tidigt 80-tal som *Alien Garden* (1982) av Bernie DeKoven och Jaron Lanier. Ett spel som skaparna kategoriserades som ett video game art och Laniers egna spel *Moondust* (1983) för Commodore C64 som beskrivs som ett visuellt musikspel. Begreppet Art Games myntades nu så sent som 2002 av professorn Tiffany Holmes i ett paper med titeln *Arcade Classics Spawn Art? Current Trends in the Art Game Genre* och användes då för att beskriva dataspel gjorda av konstnärer. Jag tänker därför i den här essän inledningsvis begränsa mig till dataspel gjorda av konstnärer och som lämnat avtryck i konstvärlden för att längre fram ge exempel på hur begreppet har vidgats till att innefatta konstnärliga spel i en allt vidare bemärkelse och till slut skulle kunna användas för att definiera en ny konstform.

Dataspelsvärlden har historiskt sett varit väldigt mansdominerad så därför är det passande att begreppet Art Games definierades av en kvinna och en av pionjärerna inom Art Games också är en kvinna. Den amerikanska konstnären Jane Veeder är en pionjär inom databaserad konst. Redan 1976 började hon arbeta med datorer och datagrafik. Hennes intresse för datorer ledde så småningom in henne på området interaktiva konstverk och några av dessa tog sig uttryck som påminde om dataspel. År 1982 skapade Veeder *Warpitout* ett interaktivt ljud/grafik spel där spelaren med hjälp av en meny kunde ändra och styra grafiken på skärmen. 1985 kom en förbättrad version med namnet *Vizgame* där spelaren kunde skapa grafiska animationer. Eftersom det saknas tydliga referenser till dataspel skulle nog de flesta idag benämna Veeders verk som interaktiva rit- och musikprogram än dataspel. Ordet spel anspelar istället i det här fallet på det interaktiva och lekfulla i konstverken.

En mer tydlig koppling mellan konstverk och dataspel hittar man i italienaren Antonio Riellos *Italiani Brava Gente* från 1996. Spelet är intressant på många sätt. Det har sin bakgrund i en politisk kontext där det i slutet av 90-talet kom en hel del båtflyktingar från Albanien till Italien. Den ironiska titeln betyder *"Italienare är goda människor"*, en vanlig populistisk fras som användes av media för att beskriva den italienska folksjälen och hur tolerant italienare är mot andra människor och kulturer, något som Riello inte kände igen när det gällde mottagandet av de albanska flyktingarna. Spelet bygger på det klassiska arkadspelet *Space Invaders* och som spelare gäller det att sänka så många albanska flyktingbåtar som möjligt innan de landstiger på den italienska kusten. De albanska flyktingarna blir de okända utomjordingarna som försöker invadera och förstöra den italienska kulturen och som därför måste bekämpas.

Det är vanligt att konstnärer använder sig av kända klassiska arkadspel som förlagor när de skapar Art Games. De brittiska konstnärerna Thompson och Craighead skapade 1998 spelet *Trigger Happy* som också har *Space Invaders* som förlaga. Här gäller det för spelaren att skjuta ner en text som är hämtad från Michel Foucaults essä *What is an Author?*. Konstverket kan ses som ett inlägg i den teoretiska frågeställningen kring interaktiva konstverk och dataspel. Vem är egentligen författaren eller konstnären i ett dataspel? De som har programmerat koden till spelet, datorn som tolkar och utför instruktionerna eller spelaren som skapar en dialog, en interaktivitet med spelet?

Natalie Boochins *The Intruder* från 1999 är ett annat exempel på ett Art Game där klassiska arkadspel som *Pong* och *Space Invaders* används som förlaga. Ytterligare en gemensam nämnare för många Art Games är att de är webbaserade och kan spelas på nätet utan att man behöver installera något speciellt program på sin dator. Precis som i Thompson och Craighead spel bygger *The Intruder* på en textkälla. I det här fallet *La intrusa*, en novell av Jorge Luis Borges från 1966, om två bröder som blir förälskade i samma kvinna. *The Intruder* har visats i Sverige i samband med utställningen *Game Art* på Mejan Labs i Stockholm 2007.

En av videokonstens pionjärer Bill Viola har också gett sig in på dataspelens domäner när han 2010 tillsammans med ett team skapade spelet *Night Journey*. Spelaren ramlar mitt i natten ner från himlen i ett okänt landskap. Det gäller att utforska detta landskap men till skillnad från många andra spel gäller det att ta det ta det lugnt och reflekterar istället för att rusa fram. För det är först när du tar det lugnt som landskapet börjar avslöja sina hemligheter. Spelet påminner på så sätt om en inre resa och kan liknas vid meditation där introspektiva och existentiella värden står i centrum. Teman som man också finner i många Bill Violas kända videoverk.

När Tiffany Holmes skrev om Art Games som något som konstnärer sysslade med hade det redan börjat växa upp en stark indiescen som också skapade många intressanta konstnärliga dataspel. Små oberoende designstudios runt om i världen började allt mer betrakta dataspel som en konstform. Man ville skapa spel som var estetiska och som gav spelaren en annorlunda spelupplevelser än de vanliga spelen som dominerade marknaden. Man skapade spel som experimenterade med formen, berättar- och speltekniken. I många fall behandlade spelen också samma existentiella frågeställningar som vi känner igen från andra konstformer.

Den belgiska duon Tale of Tales, Auriea Harvey och Michaël Samyn, tillhör idag en av de mest kända när det gäller att skapa konstnärliga indiespel. Deras spel har visats både på konstutställningar och olika indie game festivaler. De har också skrivit ett av de första manifesten om dataspel som en konstform. I *Realtime art manifesto* från 2006 menar de att realtids 3D grafik är den viktigaste konstnärliga innovationen sedan olja på duk. De vill skapa interaktiv konst och inte dataspel där skaparen av spelen tar rollen som en författare snarare än en designer. De menar också att spel inte ska vara som samtidskonsten som de beskriver som ironisk, självreflekterande och rädd för skönhet och mening. I många av sina spel har Tale of Tales på ett framgångsrikt sätt omvandlat sitt teoretiska manifest till spel eller interaktiva upplevelser som *The Graveyard* från 2008. *The Graveyard* utspelar sig på en kyrkogård där du spelar karaktären av en gammal dam. Det är ett spel som handlar om döden och livet. Spelets grafik och musik förmedlar en vacker poetisk och melankolisk stämning.

I Tale of Tales manifest hittar man den skärningspunkt där de två inledande diskussionerna, som beskrivs i början av essän, möts och smälter samman: Dataspel som en konstform och samtidskonst inspirerad av dataspel. I manifestet tar man dock avstånd både från de kommersiella dataspelen och från samtidskonsten och säger istället att man vill skapa Art Games som enligt Tale of Tales skiljer sig från vanliga dataspel och från samtidskonsten. Art Games är helt enkelt en egen konstform med en egen uppsättning estetiska och teoretiska idéer som de försöker beskriva i sitt manifest.

Problemet med Art Games idag är att det saknas en tillräcklig stark teoretisk bakgrund med manifest, kritik och forskning, som skulle kunna bygga det ramverk som behövs för att lyfta fram dessa spel och definiera dem som en egen konstform. Förutom Tale of Tales verkar det inte finnas så många spelskapare eller konstnärer som gör Art Games som skriver och definierar dem som en egen konstform utan istället hamnar de mellan konst- och dataspelscenen och beroende på vilket sammanhang de visas i så analyseras och beskrivs de antingen från ett konst- eller ludologiskt (spel) perspektiv. Men som Tale of Tales skriver i sitt manifest så bör Art Games varken betraktas som dataspel eller samtidskonst utan som just Art Games, en konstform som kan stå på egna estetiska och teoretiska ben.

Från Bosch till Sollman - Game Art i Holland på 2000-talet

Det dröjer visserligen till 2016 innan Jheronimus Boschs 500-årsjubileum ska firas i Holland, men man har redan tjuvstartat. Under 2013 arrangerades en tävling om att göra ett dataspel som inspirerats av Bosch konst. Av sexton förslag var det sju prototyper som visades upp för publiken på Stedelijk Museum i Amsterdam hösten 2013 och i oktober utsåg juryn en vinnare. Det blev den italienska duon *We Are Müesli* med spelet *Cave! Cave! Deus Videt!* som därmed fick möjlighet att färdigställa spelet inför jubileet. Spelet är inspirerat av Jheronimus Bosch triptyk *The Temptation of Saint Anthony*. Spelet utspelar sig på Nationalmuseet i Lissabon där tavlan hänger i dag. Spelets huvudkaraktär är en ung museibesökare som stöter ihop med en underlig man som vet en hel del om tavlan och som tar med sig honom på en spännande resa in i tavlans mystiska värld. Den latinska titeln på spelet är hämtad från Bosch målning *De sju dödliga synderna* som har inskriptionen: Akta dig, akta dig, Gud ser.

Det är inte så konstigt att man väljer att fira Bosch-jubileet genom att göra ett dataspel. Holland är visserligen mest känt för den holländska guldåldern som ägde rum under 1600-talet. Det var en tid av kraftig ekonomisk uppgång som skapade förutsättningarna för konstnärer som Anthonis van Dyck, Jan Steen, Rembrandt Harmenszoon van Rijn och Johannes Vermeer att skapa sina mästerverk. Idag har man istället en aktiv och spännande New Media Art scen där dataspel och konst spelar en viktig roll.

Bosch Game Art tävlingen utlystes av Digitale Werkplatse som leds av kuratorn Iris Peters som också är involverad i bArt en mobil plattform för samtidskonst. Båda organisationerna har varit viktiga för den holländska Game Art scenen genom att arrangera festivaler och utställningar där man undersöker konst där spel och lek är viktiga beståndsdelar. *Playful Art Festival* som i år äger rum i staden Hertogenbosch i slutet av juni ägnar sig åt spel, performance, utställningar och workshops med fokus på lekfull konst. Tidigare festivaler har ägnat sig åt multiplayer-spel där deltagarna deltagit i olika spel och lekar som kräver samarbete och deltagande. Årets tema är urbana spel och äger rum på offentliga platser och kommer att undersöka gränserna mellan konst, spel och social interaktion.

Det finns i Holland också många utbildningar för den som vill lära sig göra dataspel både på konsthögskolorna och inom multimediautbildningarna. Tillsamman med en blomstrande dataspelsindustri verkar det finnas alla förutsättningar för en framgångssaga för konstnärliga dataspel. Tyvärr så fungerar det inte alltid i praktiken att konst och dataspel automatiskt kopplas samman och berikar varandra. Tvärtom så brukar det finnas vattentäta skott mellan konst- och dataspelsvärlden. Under de senaste åren har dock dessa vattentätaskott börjat läcka och vi ser allt fler exempel på konstnärliga dataspel som prisas på dataspelfestivaler och visas på konstmuseum bland annat i Holland.

I Holland har Stedjelik museum haft en viktig roll för att skapa intresse för dataspel och konst. Förutom att visa tävlingsbidragen i Bosch-tävlingen har man även organiserat utställningar som *Next level. art, games & reality* från 2006 som fokuserade på hur dataspel inspirerat samtidskonsten. Bland de holländska konstnärerna i utställningen hittade man Persijn Broersen, Margit Lukacs och Joes Koppers. Koppers hade till exempel skapat ett rum där deltagaren blev en del i ett dataspel. Att så många spel handlar om att förstöra saker hade Kopper tagit fasta på och besökaren förvandlades därför till ett mål som kunde förstöras av andra besökare i en interaktiv installation.

Utställningen skapade ett stort intresse hos museets kuratorer för möjligheterna med konstnärliga dataspel och resulterade i *Split Second* ett treårigt samarbetsavtal med spelstudion Submarine Channel. Tanken var att skapa nya korsbefruktningar mellan konstnärer och spelutvecklare och undersöka dataspelens konstnärliga möjligheter. Resultatet presenterades sedan i utställningen *Do it! Load it!* 2011. Den holländska målaren Marcel Van Eeden var en av de tre konstnärerna i projektet och han presenterade spelet *Sollmann (Part 1: The Harbour)* som var hans första försök att skapa ett dataspel. Van Eeden brukar i vanliga fall teckna med kolkrita och den svart-vita stilen återfinns även i spelet och ger det en film-noir känsla vilket passar till spelets tema. Sollman är fiktiv karakär som Van Eeden tidigare har använt sig av i sitt konstnärskap som i kolteckningar med titeln "The archeologist - the travels of Oswald Sollman". Karaktären Sollman är en arkeolog, en lönnmördare, en spion och en känd författare. I spelet, som utspelar sig under andra världskriget, möter vi Sollman på kajen precis innan han ska stiga ombord på ett fartyg till Afrika där han ska köpa ett antal teckningar av konstnären Grunewald. Han har blivit förgiftad och han har bara en kort tid på sig undersöka kajen och undvika att bli fångad av vakterna medan hans sinnen långsamt försämras och försvårar för spelaren att utföra sitt uppdrag.

En annan viktig utställning producerades 2010 av Netherlands Media Art Institute och fick namnet *Space Invaders: Art in the Computer Game Environment.* Utställningen ville undersöka hur gränsen mellan den verkliga världen och dataspelsvärlden höll på att luckras upp. *Space Invaders* var en ambitiös utställning som innehöll kommersiella spel som *Counterstrike* och *GTA IV*, spel från indiegame scenen som Mark Essens *Malfunction*, dokumentära inslag från spelkulturen som Cao Feis video om cos-playing eller Übermorgens video om guldgrävare i on-line dataspel och konstnärer som skapade konst inspirerade av dataspel som Michaels Johansson Tetris-installation eller Aram Bartholls First Person Shooter glasögon. Utställningen turnerade sedan vidare till London och Köpenhamn.

Utifrån de presenterade exemplen skulle det förstås vara en överdrift att tala om en digital guldålder på den holländska konstscenen. Men det har i alla fall under 2000-talet hänt en hel del intressant och man har i Holland varit tidigt framme med att knyta ihop dataspel och konst och skapat mötesytor och plattformar för samarbeten. Stedjelik museum som varit snabba att ta till sig nya tekniker, museet tillhörde ett av de först som introducerade audioguider för besökarna och börja samla på videokonst, har även varit tidigt framme när det gäller dataspelkonst. Det har resulterat i att man i Holland en skapat en hel del intressanta utställningar och konstnärskap inom området. Det finns även från institutionerna ett intresse av att knyta ihop landets rika konsthistoria med många kända konstnärer med samtida tekniker och möjligheter. Hur man kommer att förvalta denna tradition återstår dock att se, men man kan i alla fall med spänning se fram mot de närmaste årens utveckling inom området.

I begynnelsen var pixeln

I begynnelsen var pixeln. En grön blinkande fyrkant. I animationen *Murmurs of Earth* (2007) berättar konstnären Lars Arrhenius och filmaren Johannes Müntzing jordens historia på sex minuter med hjälp av små gröna fyrkanter.

- Innan jag satte igång med *Murmurs of Earth*, berättar Lars Arrhenius, så hade jag precis gjort en piktogram triologi:

- *Mannen utan en väg*, om individen
- *Habitat*, om boendet
- *The Street*, om samhället

-Dessa verk var byggda på redan existerande förenklade figurer och schabloner. Jag ville gå ett snäpp till med att abstrahera nästa historia om Jordens historia på 6 min. En sådan dystopisk Science Fiction historia fungerade perfekt i pixlar. *Star Wars, Månbas Alpha* och *Närkontakt av tredje graden* producerades ju samtidigt med *Space Invaders, Asteroids* och *Mille Commande*. Vilken Scicene Fiction Guldålder! utbrister Arrhenius.

Verkets titel *Murmurs of Earth* är hämtad från en bok sammanställd av bland annat den kända astronomen Carl Saga. Boken innehåller bilder och material som 1977 präntades in på två guldöverdragna kopparskivor som sedan placerade ombord på de obemannade rymdfarkosterna Voyager 1 och 2. Voyager 1 och 2 uppdrag var i första hand att studera Jupiter och Saturnus med fortsatte sedan sin färd ut i den oändliga rymden. Tanken var att om en utomjordisk civilisation någon gång i framtiden skulle hitta de två farkosterna skulle skivorna kunna ge dem viktig information om jorden och mänskligheten. Det förutsätter förstås att utomjordingarna kan förstå och tolka innehållet på skivorna. I Carl Sagas egen SF-roman *Kontakt* sker den första kontakten med utomjordiskt liv genom en radiosignal som repeterar en serie av de 261 första primtalen. Saga menade att det var matematiken som var det universella språket i universum och som alla skulle kunna förstå och tolka. En LP-skiva med bilder och ljud har kanske därför inte de bästa förutsättningar i mötet med en utomjordisk civilisation. Det lär också dröja runt 40.000 år innan Voyager farkosterna når den närmaste stjärnan utanför vårt solsystem, och med tanke på att LP-spelare har blivit väldigt sällsynta på jorden de senaste 30 åren ska man nog inte hoppas på för mycket av det mötet.

Arrhenius och Müntzing animation startar med att en grön pixel blinkar mitt på skärmen. I dag är vi vana att markören på skärmen består av ett vertikalt tunt streck, men i datorns barndom var det snarare en fyrkant som stod och blinkade på skärmen. Man skulle kunna säga att den digitala informationsrevolutionen började med en fyrkant på en dataskärm någonstans i världen. Den gröna kvadraten på skärmen börjar nu kopiera och dela på sig, precis som riktiga biologiska celler, eller ett datavirus! Delningen fortsätter och det sker en evolution genom att pixlarna sätts ihop till allt mer komplicerade och större fragment. Till slut får delarna liv och blir till en mask! Den som spelat dataspel känner genast igen masken från spelet Snake. Ett enkelt spel där det gäller att styra en mask eller orm som äter pixlar. För varje pixel som ormen äter desto längre blir den och svårigheten ligger i att inte köra in i sig själv när längden på ormen och hastigheten i spelet ökar. Nästa steg i den digitala evolutionen visar sig vara spelet Pac-Man. Masken förvandlas nämligen till en liten Pac-Man som slukas av en större Pac-Man som i sin tur slukas av en större Pac-Man till skärmen är fylld av en jättestor Pac-Man. Att dataspelens estetisk har haft en viktig roll vid tillkomsten av bland annat *Murmors of Earth* är något som Arrhenius förklarar med att:

- Jag spelade dataspel när jag var 14-15 år, jag var så fast i estetiken att när veckopengen var slut så ritade jag av Arkadspelen. Att få ett eget Atari-spel var min högsta önskan och förblev så... Mitt absoluta favorit spel var *Missile Commande*, ett spel som styrdes med en stor kula. ca 20 år senare såg jag en utställning på Barbican i London om just Arkadspel och dess fortsättning och fick en insikt om att denna disciplin, som var väldigt baktalad när jag var liten, var utvecklad och inspirerad av konst. Exempelvis att *Space Invaders* figurerna är förenklingar av japanska träsnitt på sjöodjur! *Murmurs of Earth* skulle ha samma look som de tidigaste dataspelen, ljudet var också inspirerat av denna tids science fiction ljud, t ex Giorgio Moroder. avslutar Arrhenius

I *Murmurs of Earth* har ljudet också en central roll. I episoden med Pac-Man börjar figuren sjunga en melodislinga som får mig i alla fall att tänka på Steven Spielbergs film *Närkontakt av tredje graden*. I Spielbergs film väljer forskarna att försöka kommunicera med rymdvarelserna genom ljud, man spelar en enkel melodi som rymdvarelsernas skepp börjar härma.

Ljud och musik var också en viktig del av budskapet på skivorna som skickades med Voyager 1 och 2. På skivorna fanns det nämligen med musik från kompositörer som Beethoven, Mozart och Chuck Berry.

Efter dataspelsåldern stiger jorden in i en allt mer hektisk tid. De gröna kvadraterna bildar ett organiskt nätverk, kanske en bild av Internet, som sedan övergår till en storstad där gröna små bilar rusar fram i allt högre hastighet. Skyskraporna i staden fylls med börskurser och nyheter som svischar förbi i ett allt snabbare informationsflöde. I de sista sekunderna av animationen panoreras bilden ut i rymden och vi ser hur jorden ensam snurrar i rymden tills den bara blir en liten blinkande fyrkant i oändligheten som slutligen exploderar i en stor smäll. Game Over skulle man kunna säga.

Det är inte bara i *Murmurs of Earth* som Arrhenius hämtat inspiration från de tidiga dataspelen från 80-talet. Utan hans intresse för dataspelsmotiv och pixlar hittar man också i den offentliga utsmyckningen till tunnelbanestationen vid Thorildsplan. I samband med invigningen 2008 skrev Arrhenius följande om utsmyckningen:

-Thorildsplans tunnelbanestation med trafikkarusellen omkring, liknar ett stort dataspel, närmare bestämt ett tidigt Arkadspel från 70-80 talet. Dessa plattformspel byggdes just upp av olika in/utvägar och upp/nedgångar, bryggor, tunnlar och hissar… Därför har jag inspirerats av alla olika sorters pixlade symboler från dessa tidiga dataspel och dataikoner för att kunna skapa mitt eget spel. Målet med detta spel är precis som inspirationskällornas, att njuta av färden och fånga ett och annat spöke eller ufo på vägen.

-När jag var liten så spelade jag alldeles för mycket på Arkadspel, då var det dåligt att spela bort sina pengar på sånt strunt. Nu är spelandet kultur och tunnelbaneutsmyckningar. Det som attraherade mig var förmodligen det starkt kommunikativa och fantasifulla fyrverkeri som spelen var och är. Att kunna få uttrycka mig med min ungdoms låga symboler och kunna klä dem i Italienskt kakel känns som en bra kompensation för alla veckopengar som gick till detta fantastiska härliga strunt!

Arrhenius är inte ensam bland svenska konstnärer att få revansch och upprättelse för alla de timmar som han "kastade" bort framför datorn. Det finns idag ett antal konstnärer som växte upp på 60-70-talen med dataspel, som Johan Löfgren och Kristoffer Zetterstrand som skapar offentliga utsmyckningar och andra konstverk med hjälp av små kvadrater i olika färger. För i begynnelsen fanns pixeln, och pixeln blev sedan till konst.

Neoarkadism

På avstånd påminner bilden om ett svenskt sommarlandskap med spröda björkar utspridda mot en sjö i bakgrunden. Det som stör den idylliska miljön är möjligtvis hamburgarna och tomaterna som flyger omkring i luften. När du går närmare märker du att upplösningen bara blir sämre och sämre, tills du kan urskilja de små fyrkantiga bitarna i olika färger som bygger upp bilden. Nu skulle man kunna tro att det rörde sig om ett digitalt konstverk som visades på en skärm, men istället är det frågan om en glasmosaik gjord av konstnären Kristoffer Zetterstrand. Mosaiken ingår i en serie med sex andra mosaiker som finns på Bromma gymnasium i Stockholm.

Kristoffer Zetterstrand är en konstnär som hämtar inspiration och blandar material från konsthistorien och den digitala världen. Att Zetterstrand använder sig av mosaik förfaller sig ganska naturligt för en konstnär som intresserar sig för bitmapgrafik, dvs. den grafik som byggs upp av små fyrkanter i olika färger, och som på äldre datorer gör att allt som visas på skärmen verkar lite taggigt och ojämnt. Det finns en hantverksmässig likhet mellan hur man skapar mosaiker och bitmapgrafik. I bägge fallen bygger man upp ett mönster med hjälp av små bitar i olika färger, det är en form av pussel som får sin visuella innebörd på avstånd.

Mosaik är en konstform som har gamla anor. Ursprunget kan spåras ända tillbaka till det sumeriska riket ca 4000 f.kr, men höjdpunkten för mosaikkonsten infaller under romartiden och bysantinskt tid med bl a de stora utsmyckningarna i Ravenna. Under 1900-talet fick mosaiken en renässans med konstnärer som Fernand Leger och Marc Chagall, men är idag en ganska undanskymd konstform och det är väl snarare badrumsinredning man tänker på när man hör ordet mosaik än konstverk.

Ändå verkar det vara en konstform som attraherar en ny generation unga konstnärer. Kanske är de likheten i uttrycket mellan mosaiken och bitmapgrafiken för dem som vuxit upp med dataspel som lockar, och möjligheten att skapa en bildvärld som ligger långt från dagens fotorealism.

Space Invader, som är ett alias för en okänd gatukonstnär, reser runt i världen och sätter upp små mosaiker på husfasader med motiv hämtade från 80-talets arkadspel, som *Super Mario, Space Invaders* och *Pac-Man*. Mister Ministeck alias Robert Bayer, en tysk konstnär, skapar konst med hjälp av Ministeck, små plastbitar i olika färger, en form av platsmosaik för barn.

Robert Bayer återvänder också till 80-talets dataspel för att hämta motiv till sina konstverk, om han inte går ännu längre tillbaka i tiden. I projektet *Modern Mosaics* återskapar han gamla mosaiker från romartiden och bysantinskt tid och gör dem tillgängliga som skrivbordsbilder på sin hemsida. Det antika platsspecifika konstverket överförs till digital form och kan på så sätt spridas över hela världen och placeras på var mans virtuella skrivbord.

Det är nu inte bara unga konstnärer som inspireras av datorgrafik. Utan även en av de mest internationellt kända konstnärerna, Gerhard Richter (f. 1932) började redan på 70-talet göra konst bestående av fyrkantiga färgfält. Richter skapade en serie målningar som bestod av 4, 16, 64, 256, 1024 och 4096 färger. Det är en talserie som man återfinner inom datorgrafiken. 2-bit grafik består av fyra färger (2^2), 6-bit av 64 färger (26) osv till vi får 12-bit grafik som består av 4096 färger (212). Man kan nog säga att Richter var före sin tid i det här fallet. Under de senaste åren har Richter återupptagit sitt intresse för de fyrkantiga bitarna i olika konstverk.

Under andra världskriget fick katedralen i Cologne sitt stora glasmosaikfönster förstört och uppdraget att skapa ett nytt fönster gick till Gerhard Richter. Hösten 2007 invigdes det nya fönstret. Ett 113 kvadratmeter stort kalejdoskop av11.500 handblåsta små fyrkantiga bitar i 72 olika färger. Resultat är lite oväntat för ett kyrkofönster i en gotisk katedral, det ser ut som motivet är hämtad från en datorskärm fylld med färgglada pixlar, snarare än den religiösa bildvärld som man annars är van vid att hitta i kyrkor.

Kardinal Joachim Meisner vägrade av den anledningen att närvara vid invigningen, eftersom han hade förordat ett mer traditionellt figurativt verk. Richters mosaikfönster är nu väldigt estetisk och spännande med sitt färgglada och lekfulla intryck. Den digitala känslan speglar också bättre vår digitala värld än ett figurativt religiöst motiv. För det är väl så att dagens människor snarare söker Gud i den digitala världen, dvs på nätet, än i den analoga kyrkan?

Under hösten var Gerhard Richter aktuell med en utställning på Serpentine Gallery i London med namnet *4900 colors: Version II*. Utställningen bestod av 49 panel med 100 kvadrater i olika färger på varje panel. Den första versionen av 4900 färger bestod av 196 paneler med 25 kvadrater på varje panel. För att bestämma ordningen på färgfälten har Richter låtit ett datorprogram slumpa fram den inbördes ordningen. Konstverket är väldigt flexibelt, det finns möjlighet att bygga ihop panelerna till större bilder, eller en enda stor bild om man skulle vilja, eller låta varje panel vara ett eget konstverk.

Teoretiskt är antalet kombinationer som man kan sätta ihop de 49 panelerna på väldigt stort (49! ungefär 6 x 106). Man skulle kunna jämföra Richters verk med Rubriks kub (som för övrigt uppfanns av den ungerska skulptören Ernó Rubrik) som kan vridas i fyrtiotre triljoner olika positioner. Rubriks kub kan å sin sida tolkas som en tredimensionella bitmap-skulptur något som konstnären Space Invader, som jag nämnde innan, har tagit fasta på. Han har skapat skulpturer och bilder bestående av Rubriks kuber som han vrider och pusslar ihop till konstverk som han kort och gott kalla rubikcubism.

Att bygga upp bilder med hjälp av små enfärgade färgfält är nu inget nytt inom konsthistorien. I slutet av 1800-talet målade konstnärer som Georges Seurat och Paul Signac pointillistiska bilder, där man med hjälp av små punkter av rena färger bredvid varandra byggde upp bilden. På liknade sätt bygger idag konstnärer som Kristoffer Zetterstrand, Space Invader och Robert Bayer upp sina bilder med kvadrater i olika färger. Pointillismen var inspirerad av sin tids optiska upptäckter om färgernas blandning i ögat, medan dagens konstnärer inspireras av datorgrafikens teorier. Jag brukar benämna den här typen av konst som neoarkadism, eftersom det ofta är arkadspelen som är den största inspirationskällan, med 80-talets storsäljare som *Super Mario, Space Invader* m.fl. i spetsen.

Grafiken i dem här spelen är fortfarande kantig och man kan se att bilden är uppbyggd av små kvadrater. Ett annat karaktäristiskt drag för neoarkadism är det hantverksmässiga. Konstnärerna använder traditionella tekniker som måleri och mosaik, för att skapa analog konst av digitala uttryck. Idag när allt mer av konsten blir digital, kan man också se neoarkadismen som en motrörelse, där man dra ut konsten från den digitala världen in i verkligheten och skapar på sätt ett samband och möte mellan de traditionella konstteknikerna som måleri, mosaik och skulptur och den digitala bildvärlden.

Vi lever i en digital värld som i hög grad eftersträvar fotorealism. Det är tydligt när man tittar på dataspelens grafik som bara blir bättre och bättre och detsamma gäller TV och film, där det digitala HD-format ska ge oss nya knivskarpa och detaljrika illusionen. Den digitala bilden är uppbyggd av pixlar, där en pixel är den minsta beståndsdelen i bilden. Desto fler pixlar en bild har desto högre upplösning. Alvy Ray Smith, som är datagrafiker har räknat ut att verkligheten har en upplösning på runt 80 miljoner pixlar så frågan är väl kanske hur länge det dröjer innan den digitala bilden blir lika verklig som verkligheten?

För drygt 30 år sedan, i den digitala bildens barndom var det annorlunda. Dataspelens grafik bestod av ett fåtal och ganska stora pixlar vilket gjorde att figurer och landskap såg ganska kantiga ut. Trots att det idag går att göra digitala bilder med fotorealistiskt skärpa så finns det många spelutvecklare, musiker och konstnärer som vänder tillbaka till de tidiga dataspelens estetik. Resultatet är en våg av retrospel, chipmusik och pixelmålningar.

Johan Löfgren är kanske den konstnär i Sverige som gjort sig mest känd för att använda sig av de tidiga dataspelens estetik i sina målningar. Löfgrens målningar är i stort sett uppbyggda med hjälp av fyrkantiga rutor (pixlar) med en begränsad palett som gör att man tänker på 80-talens arkadspel som *Super Mario Bros* och *Donkey Kong* när man ser hans målningar. Några av hans målningar har fått titeln ”neo arcade” och skulle man lägga till ett -ism, så skulle man få konstriktningen neoarkadism, vilket är ett passande namn för den nya typ av konst som Löfgren och många andra konstnärer skapar med inspiration från 80-talens arkadspel.

I mars-april 2008 deltog Löfgren i samlingsutställningen *MyComputer* på konsthallen 300m3 i Göteborg. Löfgren visade där videoverket *Sketchbook of the Neo Arcade* som bestod av ett antal filmsekvenser där man ser hur Löfgren bygger upp sina bilder med hjälp av pixlar i olika färger. Videon visar arbetsprocessen bakom hans målningar och till skillnad från annan datorgrafik som idag görs med vektoriserade program som Photoshop, så ser det ut som om Löfgren använt sig ritprogram från 80-talet som bara kunde skapa bilder med hjälp av stora fyrkanter. Det är naturligtvis en del av Löfgrens estetik att efterlikna grafiken från 80-talet genom att använda stora pixlar, en begränsad färgskala och göra bilderna 2-dimensionella, till skillnad från dagens datagrafik som främst består av fotorealistiska 3D-miljöer.

I boken *From Bits to Pieces* som handlar om Löfgrens måleri hittar man bland annat konstverket *Assasination of cubism* där man ser sex stycken Rubiks kuber som verkar genomgå en atomklyvning. Varje kub skickar ut en färgstråle som träffar en annan kub så att det blir en kedjereaktion. Titeln på verket innehåller en konsthistorisk referens till kubismen och på samma sätt som kubisterna analyserade verkligheten och sönderdelade den i geometriska former, bryter Löfgren och ner den digitala bilden och avslöjar dess minsta beståndsdelar, pixlarna.

Det finns alltså idag många konstnärer som skapar det som man kallar pixelkonst, ett begrepp som är väldigt brett och innefattar alla som på något sätt skapar konst eller illustrationer med inspiration från 80-talets datagrafik. För att bättre kunna ringa in denna inriktning inom samtidskonsten borde man därför istället använda begreppet neoarkadism. Det skulle innefatta konstnärer som utgår från den speciella estetik och ikonografi som man hittar i 80-talets arkadspel. Deras bilder är ofta kantiga, färgpaletten begränsad och perspektivet 2-dimensionellt i kontrast till dagens fotorealistiska 3D-grafik. Ofta är det konst som innehåller både element av lekfullhet och nostalgi, som blandar populärkultur med referenser till konsthistorien i en respektklös och kreativ mix. Det är också en konst som är ganska low-tech, trots att den är inspirerad av dataspel, så använder konstnärerna ofta traditionella tekniker som måleri och skulptur. Man kan också konstatera att den tusenåriga tekniken att skapa mosaiker åter har kommit på modet hos den här gruppen konstnärer och att mosaikkonsten därmed fått ett nytt och intressant konstnärligt uttryck när den har kombinerats med dataspelens estetik och ikonografi.

Pacificter i det virtuella kriget

I maj 2003 beslöt sig det amerikanska försvaret för att bege sig in på dataspelsindustrins territorium. Stridsklädda soldater ur specialstyrkan invaderade E3 (Electronic Entertainment Expo) understöd av svarta Black Hawk helikoptrar som cirkulerade runt byggnaden

E3 som arrangeras varje år i Los Angeles är en av de ledande mässorna där dataspelsindustrin har möjlighet att visar upp sina senaste nyheter och satsningar. Invasionen av E3 var nu bara ett reklamjippo för att lansera det nya spelet *America's Army*, ett nätbaserat krigsspel producerad att det amerikanska försvaret och som dessutom var helt gratis att spela. Spelet var ett resultat av en helt ny strategi för att omforma det amerikanska försvaret och skapa ett mer effektivt och högteknologiskt försvar.

Dataspel som *America´s Army* och *Full Spectrum Warrior*, det senare också ett simuleringsspel som har använts för att träna amerikanska soldater, har gjort att gränsen mellan det virtuella kriget och det verkliga kriget har suddats ut. Begreppet "joystick war" är en träffande beskrivning på det framtida cyberkriget. Amerikanska soldater kan sitta på en bas i USA med en joystick och en TV-skärm och fjärrstyra förarlösa flygplan i t ex Afghanistan, som användas för rekognosering eller för att släppa bomber mot utvalda mål.

Att det ens finns något som heter dataspel är nu till stor del det amerikanska försvarets förtjänst. De första prototyperna till vad som kan kallas en dator togs i första hand fram för militära syften, för att räkna ut kanonkulornas banor. Under Kalla Kriget satsades stora summor för att utveckla datorer och simuleringsprogram för att kunna förutse och bevaka fiendens rörelser.

Tanken var nu inte att de stadsanställda skulle använda datorerna som kostade miljontals kronor på den tiden, för att skapa spel för nöjes skulle och spela dem på arbetstid, men det var precis vad som hände. De första spelen utvecklades vi olika universitet och statliga institutioner, helt enkelt för det var där det fanns datorer. Det dröjde till slutet av 60-talet innan datorer hade blivit så billiga att tillverka att det fanns kommersiella möjligheter att sälja datorer men också dataspel till en större publik.

Dataspelsindustrin föddes i en orolig tid, kapprustningen mellan USA och Sovjet och hotet om ett närstående kärnvapenkrig kom också att prägla den gryende datapelsindustrins utveckling. Att en av de första stora spelsuccérna var *Space Invaders*, ett spel där det gällde att skjuta ner utomjordiska monster innan de landade på jorden, var kanske inte så konstigt. Inspiration från många spel hämtades också från militären. Att skjuta ner saker eller olika former av simulatorer från tanks till stridsflygplan var ett vanligt spelkoncept då som nu.

Det som skedde i början av 90-talet var att det kom en ny sorts spel som utspelades sig i första person, där man inte längre styrde en person på skärmen utan själv var huvudperson och rörde sig i ett 3D landskap. Titlar som

Doom, Unreal, Quake och *Half-Life* la grunden för det som kommit att kallas First Person Shooter-genren. Samtidigt förbättrades grafiken avsevärt och blev fotorealistisk, det blev möjligt att spela mot andra över nätet och den artificiella intelligensen hos fienden i spelet förbättrades. Sammantaget gjorde det att dataspelen framstod som en perfekt simulering och träningsform för framtida militärer. En hel generation unga hade vuxit upp med spelen och lärt sig grundläggande militärkunskaper och strategier, så halva utbildningen var i princip färdig, det vara iallafall tanken till att amerikanska försvaret gick in i dataspelsindustrin med det egenproducerade spelet *America´s Army*.

Här skulle unga människor kunna utveckla sina talanger och intressen för strid och i slutändan bli riktiga soldater. Någon direkt rusning av unga spelare till armén blev det nu inte, människor hade tydligen fortfarande förmågan att se skillnaden på fiktivt och verkligt krig. Att döda fiender och själv riskera att bli dödad är en sak i ett dataspel, men något helt annat i verkligheten, där man bara har ett liv och där begreppet Game Over verkligen betyder att spelet definitivt är över.

Det är nu inte bara militären som knackat på dataspelarnas dörr utan även de som företräder den motsatta sidan, nämligen pacifisterna och krigsmotståndarna. Det finns en hel del exempel på konstnärer som antingen är verksamma inuti dataspel, skapar egna dataspel eller använder sig av dataspelens estetik för att framföra ett fredligt budskap.

Efter den 11 september 2001 har världen blivit en oroligare plats. Något som också har kommit att spegla sig i samtidskonsten. När Whitney Biennalen arrangerade 2004 fanns det bland de utställda konstverken ett verk som stack ut, inte i först hand för sitt antikrigsbudskap utan att det bestod av en ny funktion till krigsspelet *Counterstrike*. Konstnärerna Anne-Marie Schleiner, Joan Leandre, Brody Condon hade skapat *Velvet-Strike* som gjorde det möjligt för spelarna att spraya graffiti i spelet med antikrigsbudskap. I stället för att springa omkring och skjuta på andra spelare kunde spelaren välja att infiltrera spelet och smyga omkring och sprida fredsbudskap på väggar och andra ytor. Konstnärerna presenterades sitt verk som en protest mot Bush-administration och deras krig på mot terrorn.

Det har i kölvattnet till 11 september skapat en hel genre med vanliga dataspel med antikrigstema. Det är idag ganska enkelt att skapa egna spel, antingen genom olika spelverktyg till befintliga spel, eller att använda program som Flash och Shockwave. Newsgaming är t ex en grupp som skapat spelet *September 12th*, som utspelar sig i en stad i mellanöstern. Som spelare kan du skjuta missiler mot de terrorister som smyger omkring i staden, men varje detonation medför att hus raseras och civila dödas, vilket i sin tur leder till att ännu fler av stadens innevånare förvandlas till terrorister. *September 12th* är ett spel som du inte kan vinna, utan dina angrepp startar bara en eskalerande våldsspiral. Spelet har visats i samband med olika konstutställningar och ingår t ex i utställningen *Game Art* som är producerad av Mejan Labs.

Den amerikanska konstnären Joseph DeLappe brukar logga in i spelet *America's Army* under sitt alias *dead-in-iraq*, men istället för att strida väljer han att lägga ner vapnet och börjar skriva in namnen på alla de tusentals amerikanska soldater som dött i Irakkriget. Denna performance började DeLappe med i mars 2006 och hittills har han matat in drygt 4000 namn.

DeLappe har också iscensatt Gandhis saltmarch till Dandi som var en Satyagraha, dvs en antilvåldsmanifestation mot det brittiska imperiet och deras skatt på salt. Den 12 mars 2008 började DeLappe den 386 kilometer långa vandringen i den virtuella världen *Second Life*. Rättare sagt så gick hans avatar som lånat drag från Gandhi i *Second Life* där också anhängare kunde sluta upp, något som även hände i den historiska vandringen. Konstnären själv gick på ett löpband som fanns på ett galleri i New York, och för varje steg han tog på löpbandet tog hans avatar ett steg i *Second Life*. Gränsen mellan den virtuella och den verkliga verkligheten suddades ut, och den historiska antivåldsmarschen återuppfördes både i den verkliga och i den virtuella världen samtidigt.

En annan konstnär som också utforskar gränsen mellan fantasi och verklighet är Eddo Stern som är uppvuxen i Israel, men nu bosatt i USA. Hans videokonstverk *Sheik Attack* (2000) är en 17 minuter lång machinima, dvs. en film gjord inuti ett dataspel, och handlar om Israels historia sammanställd av videoklipp från dataspel som *Age of Empires, SimCity* och olika krigsspel. På samma sätt har Stern i videon *Vietnam romance* från 2003 klippt ihop scener från olika krigsspel med Vietnamntema.

I verket *Fort Paladin* har Stern byggt en vit riddarborg, men där vindbryggan brukar vara finns en liten skärm och framför skärmen ett tangentbord som styrs av en robot. På skärmen pågår spelet *America's Army* som skulpturen har blivit programmerad att spela alldeles själv. En frågeställning som Stern videokonstverk sätter fingret på är den mediala rapporteringen av krig. Kan man i framtiden avgöra vad som är inspelat i verkligheten och vad som bara är datagenererade krigsscener. I dagens filmer är en stor del av miljöer etc. skapade i en dator vilket är nästan omöjligt att se. Vad säger att vi framtiden kan avgöra vad som är ett krigsreportage från verkliga ett krig och vad som är filmat i ett dataspel?

Som tidigare påpekats så liknar dagens krig allt mer ett dataspel och tvärtom. Den irakiska konstnären Wafaa Bilals verk *Domestic Tension* har tagit fasta på detta faktum. Under en månad bodde Bilal på Chicago Flatfile Gallery, där han befann sig under konstant bevakning och beskjutning från besökarna. Från galleriets hemsida kunde nämligen vem som helst styra ett paintballgevär, precis som i ett dataspel, och avlossa skott mot Bilal.

Tror du det fanns någon som ville skjuta på en värnlös irakier? Under den månad som performancen varade avlossades över 65.000 skott! Hemsidan hade över 80 miljoner besökare och 2000 kommentarer lämnades i gästboken allt från rasistiska tillmälen till uppmuntrande tillrop. Bilals konstverk får en att fundera på hur skapa linjerna är idag mellan verklighet och fantasi? Var går gränsen mellan att skjuta en virtuell fiende i ett dataspel, till att skjuta paintball via en hemsida på en riktig människa, till att skjuta iväg en missil mot en riktig stad med riktiga människor i ett annat land från ett dataspelsliknande kontrollrum?

Kanske kommer du ihåg filmen *War Games* från 1983 där en ung pojke lyckas hacka sig in i militärens huvuddator och i tron att han hittat ett nytt spännande dataspel, som egentligen är militärens kommandocentral för kärnvapen, spelar han mot datorn och håller därmed på att utlösa det tredje världskriget. Konceptet känns idag väldigt aktuell när gränsen mellan avancerade krigsspel och militärens cyberkrigare blir allt mer otydlig. Man kan precis som i en av filmens *War Games* klassiska repliker ställa sig frågan: "*Is it a game, or is it real?*"

"Do you have the shine?" Stanley Kubricks "The Shining" som dataspel och konst

Heltäckningsmattan i korridoren består av ett labyrintmönster i rött, brunt och orange som skapar en orolig, nästan obehaglig känsla. Väggarna däremot är vita, nästan avskalade. Det enda man hör är suset från trehjulingens plasthjul. Scenen är hämtad från Stanley Kubriks filmatisering av Stephen Kings roman *The Shining*. Varför är den här scenen så stark? Vad gör att den etsar sig fast i minnet hos åskådaren och återkommer gång på gång i konsten och populärkulturen? Korridorscenen från *The Shining* har t ex inspirerat de båda svenska konstnärerna John Thurfjell och Palle Torsson i deras konst. Kan det vara så att heltäckningsmattans brokiga färglabyrint ger betraktaren en visuell föraning om den skrämmande slutscenen i filmen? En slutscen som utspelar sig i den stora häcklabyrinten utanför hotellet, eller är det helt enkelt så att det är en ovanligt välgjord filmscen där alla bitarna hamnat på rätt plats?

Handlingen i *The Shining* är ungefär vad man kan förvänta sig av en skräckfilm. En författare (spelad av Jack Nicholson) får jobb som vaktmästare på ett stort avlägset hotell som håller på att stänga inför vintern. Författaren ser sin chans att i lugn och ro kunna skriva klart sin stora roman. Han tar med sig sin fru och sin son (Danny) till hotellet och allt verkar upplagt för en idyllisk vistelse.

Det är ju bara det att hotellet är byggt på en gammal indiankyrkogård och en tidigare vaktmästare blivit galen i det ödsliga vintertomma hotellet och dödat hela sin familj och sig själv. Naturligtvis blåser det upp till en fruktansvärd snöstorm som kapar all kommunikation med omvärlden och till råga på allt får författaren skrivkramp, han blir galen och börjar jaga sin familj med en yxa, ungefär som det brukar vara i en skräckfilm.

I slutet av 70-talet och under hela 80-talet fick skräckfilmen som genre ett stort uppsving. *The Shining* kom 1980 och ingår i en rad kända skräckfilmer från den här tiden som *Aliens, Terror på Elm Street, Fredag den 13:e, Halloween* och *Poltergeist*. Skäckfilmerna, dataspelen och hårdrocken skapade tillsammans under 80-talet en stark populärkulturell grund och identitet för en ny generation unga människor som föddes på 60- och 70-talet. Vuxenvärlden såg nu inte med blida ögon på de här nya uttrycken och det blåste upp till en livlig debatt om video- och datorvåldets eventuella skadliga inverkan på unga människor. Ändå är det åttiotalets populärkulturer som kom att bli en viktig inspirationskälla för en av den största och mest framgångsrika dataspelsgenren under hela 90-talet och 2000-talet, nämligen First Person Shooter (FPS). En genre som också skapade förutsättningarna för en ny konstform, Game Art, dvs. dataspelsinspirerad konst.

De två amerikanska spelutvecklarna John Romero (f. 1967) och John Carmack (f.1970) hämtade en hel del inspiration från ungdomens populärkultur när det skapade spelet *Doom* 1993. Handlingen i spelet är som hämtad från en skräckfilm. En grupp soldater får i uppdrag att besöka en forskningsstation på Mars måne Phobos. Det hela ser ut som ett tråkigt rutinuppdrag, men ett vetenskapligt experiment går fruktansvärt fel och plötsligt befinner sig du (spelaren) ensam mot en arme av ondskefulla demoner som du måste bekämpa med diverse vapen som du hittar, som gevär och motorsåg. Det blir minst sagt en skrämmande och blodig upplevelse. Man ska nog tacka dåtidens taskiga grafik för att spelet inte blev ännu mer kontroversiellt än det blev för sin tid. Spelet var t ex bannlyst i Tyskland till helt nyligen. Precis som i en skräckfilm befinner sig huvudpersonen i *Doom* (dvs du) på en avlägsen plats, isolerad från omvärlden och måste kämpa mot en övermäktig ondska för att överleva. Miljön i spelet består av en avgränsad yta, varifrån huvudpersonen inte kan fly. Det är ett komplex med labyrintliknande mörka korridorer, med många dörrar och hörn, där hemska faror kan stå och lura. Själva handlingen och rumsstrukturen i *Doom* påminner på så sätt om korridorerna och labyrinthäcken som finns i filmen *The Shining*.

I filmen *The Shining* ser vi hur Danny cyklar på sin trehjuling genom korridorena i Overlook Hotell. Korridorerna kantas av stängda dörrar och den labyrintliknande strukturen bjuder på en hel del hörn och vägval. I scenen följer kameran Danny tätt bakom så att vi ska få en upplevelse av att de är vi själva som cyklar fram i korridorerna. Första persons perspektiv brukar nu inte fungera så bra i film, utan istället väljer man ofta tredje person, men låter kameran ligga nära huvudpersonen så vi kan se handlingen utifrån deras perspektiv. När Danny cyklar genom korridoren, följer vi efter och ser hur han rundar ett hörn, ingenting händer, han rundar ett hörn till, fortfarande händer ingenting. Han rundar ytterligare ett hörn och där står dem plötsligt. I slutet av korridoren ser Danny de två tvillingflickorna i sina ljusblå klänningar. Danny stirrar häpet på flickorna. Plötsligt förbytts den stilla scenen till en blodbad. De två flickorna ligger ihjälhuggna med en yxa och blodet har sprutat längs väggarna. Det är en typisk splatterscen och scenografin är inte olik den man kan uppleva i spelet *Doom* när man skjuter ihjäl en bunt monster i de mörka korridorerna. I Kubricks filmatisering av *The Shinning* kan man hitta många scener och kamervinklar som påminner en hel del om dataspel som *Doom*, eller rättare sagt så är det väl tvärtom, dataspel som *Doom* använder sig ofta av en estetik och ett berättande som påminner mycket om skräckfilmer från 80-talet.

Någon officiellt dataspel baserat på filmen *The Shining* gjordes aldrig. När filmen kom ut 1980 var det ganska ovanligt att man gjorde dataspel på populära filmer. Däremot har det efteråt skapats inofficiella spel som bygger på filmen. Det finns också en hel del exempel där interiören från Overlook Hotell har återskapats på en mängd olika virtuella plattformar, som *Doom, Quake, Unreal, Second Life* och *Sims*. Den mest kända och välgjorda av dataspelen är Bryant Arnetts *REDRUM: The Shining II* från 1996. *Redrum* består av en ny bana till spelet *Duke Nukem* där Arnett skapat en virtuell kopia av hela hotellet. Handlingen i spelet fortsätter där filmen slutar, dvs. med att spelets karaktär Duke kommer till hotellet för att röja upp. I första person genomsöker spelaren hotellet beväpnad med olika vapen som han hittar längs vägen. Spelaren vandrar genom de öde korridorerna, men bakom ett hörn eller en stängd dörr kan plötsligt Jack Nicholson dyka upp med en yxa i högsta höjd. Spänningen och osäkerheten i spelet *REDRUM* har på så sätt många likheter som den känsla som filmen *The Shining* försöker förmedla.

De svenska konstnärerna Palle Torsson (f. 1970) gjorde 2003 en serie fotografier som han kallade *Evil Interiors*. Med hjälp av dataspelet *Unreal Tournament* byggde Torsson upp interiörer från kända skräck- och actionfilmer som *The Shining, Psycho, Reservoir Dogs, Scarface* etc. Han lät sedan skapa korta filmklipp där man rör sig i miljöerna och valde sedan ut en kameraposition varifrån han tog en bild. Fotografiet printades sedan ut och ställdes ut på ett galleri. En av dessa onda interiörer är hämtad från korridoren i *The Shining* med den brokiga heltäckningsmattan. Redan i slutet av 90-talet, när Torsson fortfarande gick på Konstfack, inledde han ett samarbete med Tobias Bernstrup. Tillsammans skapade de ett av de första exemplen på Game Art, konst skapat med hjälp av ett dataspel. Spelet eller konstverket hade namnet *Museum Meltdown*. Den version som visades på Moderna Museet i Stockholm 1999 bestod av en ny bana till dataspelet *Half-Life* där Moderna Museet i Stockholm hade invaderats av muterade monster och där du som besökare/spelare måste söka igenom utställningssalarna och bekämpa monstren. Ett koncept som inte är helt olikt det som man återfinner i skräckfilmer eller dataspel som *Doom* för den delen. En av de som såg och provade spelet på Moderna

Museet var konstnären Johan Thurfjell (f. 1970) som fick inspiration att själv skapa ett konstnärligt dataspel. *Do you have the shine?* (2002) gjordes efter en kurs på Konstfack i 3D-modellering och verket är baserat på korridorscenen i *The Shining*:

- *En stor inspirationskälla för verkets tillkomst var just Torsson och Bernstrups Museum Meltdown som jag testade på Moderna museet vid nåt tillfälle* berättar Thurfjell.

I Thurfjells verk *Do you have the shine* spelar man den sjuårige Danny som cyklar runt i hotellets öde korridorer på sin trehjuling. I spelet finns det femtio hörn och bakom något av dessa hörn står de två tvillingflickorna. Om spelaren svänger runt hörnet med öppna ögon och möter flickorna dör han, men om han har förmågan att förutse, dvs. om han har "the shine" hinner han blunda och kan fortsätta spela. Spelaren har tio chanser att blunda i spelet, och hela spelet bygger på slump så det är snarare intuition än skicklighet som är avgörande. Precis som i filmen skapar Thurfjell i spelet en känsla av ovisshet, spelaren ska aldrig veta vad som finns bakom nästa hörn.

Till skillnad från många andra konstnärer som använt sig av dataspel för att skapa konst är Thurfjell inte någon stor dataspelare, utan tvärtom som var det ett nytt medium för honom att arbeta med. I en intervju jag gjorde med honom i samband med den här essän berättade han mer om verket och dess tillkomst.

- När jag gick på Konstfack valde jag att en termin ägna mig helt åt 3D modellering och 3D animation. Tänkte att det kunde vara spännande att ägna sig ett tag åt en specifik teknik. Under kursens gång kom idén att göra någon sorts interaktiv animation med "The Shining" som miljö.

- Jag hade aldrig sysslat med dataspel före 2002, knappt ens spelat. Så att det blev just ett spel var mest för att jag ville få till en interaktivitet i verket. Och eftersom spelet egentligen bara är filmfiler som kopplats ihop är det egentligen mer en interaktiv film än ett spel.

Många konstnärer som skapade dataspelinspirerad konst i början av 2000-talet använde sig av befintliga spel och spelmotorer från *Doom, Unreal eller Quake* t ex Palle Torsson med *Evil Interiors* och *Museum Meltdown*. Thurfjell arbetade dock på ett annat sätt när han skapade *Do you have the shine?*

- Vi hade ingen dataspelsmotor som vi utgick ifrån. Andreas Gaunitz, som var lärare på skolan då, hjälpte mig att konstruera en egen spelmotor. Jag modellerade och animerade i 3D studio Max och gjorde Quicktime-filmer som Andreas sen programmerade ihop så att det funkade som ett spel.

Att det blev *The Shinning* och ingen annan skräckfilm förklarar Thurfjell med att:

- Min relation till The Shining är att jag alltid gillat horrorfilmer. Har alltid dragits till genren. "The Shining" är väl

skräckfilmernas skräckfilm så att jag skulle inspireras av den är inte så konstigt. Såg filmen för första gången i Rotebro folkets hus en kulen höstsöndagkväll typ -86. Oförglömligt ....

Förutom skräckfilm hämtade Thurfjell inspiration från spel, men inte dataspel som man först skulle kunna tro, utan från ett vanligt kortspel.

- Arbetet inspirerades av två saker från min barndom; en lek som jag och min lillebror brukade leka med pappa, och ett kortspel. Leken gick ut på att vi släckte ner helt i lägenheten, pappa gömde sig nånstans och jag och brorsan skulle springa från rum till rum i mörkret tills pappa kom fram ur sitt gömsle och tog oss. I spelet ville jag få fram samma läskighetsfaktor som jag minns fanns i denna lek. Kortspelet fick min äldre bror lära sig i lumpen. Det kallas "give me the fucker" och spelas av en person. Man tänker på ett kort, blandar och börjar vända upp ett kort i taget. Man får vända upp korten i vilken ordning man vill, men det man tänker på ska vara det sista man vänder upp. Ett spel med det 6:e sinnet alltså; kan man "känna" sig till vilka kort som är safe att vända upp?

- Med dessa tre parametrar började jag sen bygga spelet. Minnet av den läskiga leken var inspirationen till spelets känsla. Kortspelet formade reglerna (de 50 hörnen i spelet motsvarar de 52 korten i leken) och Overlook Hotel blev miljön. Jag tänkte att eftersom de flesta har sett, minns och skrämts av "The Shining" kommer jag få hjälp på traven med läskigheten. Spelarna av mitt spel kommer att minnas hur rädda de var när de såg "The Shining" och förhoppningsvis

föra över den rädslan till mitt spel. Jag funderade ett tag på att förlägga spelet till filmens slutscen, häcklabyrinten utanför hotellet, men tyckte den skulle bli lite tråkig och enahanda. Bättre då med korridorerna och trampbilen. Mer varierande för spelaren att spela i och för mig att modellera.

Do you have the shine? har framför allt visats i filmversionen men det finns fortfarande en dataspelsvariant ute där någonstans berättar Johan.

- Spelet finns fortfarande. Jag och Andreas har några kopior plus att vi gett bort det till folk som velat ha det. Det har ställts ut i sin spelversion vid flera tillfällen i Sverige och utomlands. Oftast har det då byggts upp som ett enskilt rum där besökaren får stå själv och spela med en stor projektion av spelet framför sig.

- Filmversionen är lite ett kapitel för sig. När 3D-kursen skulle slutredovisas våren 2001 var spelet inte färdigprogrammerat. Filmfilerna var dock färdiga, så jag klippte ihop dem som en trailer för spelet för att visa på redovisningen. Den filmen blev sen visad på nån skolfilmfestival i Frankrike där en distributör råkade se den. Han har sedan dess distribuerat den till filmfestivaler runt om i världen. Filmen gjordes då också om till 35 mm film för att kunna vara med på större festivaler, bl.a Cannes festivalen där den visades 2003. Filmform i Stockholm har hand om filmdistributionen i Sverige.

Vanitas och andra existentiella dataspel

Döden är alltid närvarande i dataspel. En energimätare som hastigt faller, en symbol som blinkar till i övre hörnet och försvinner. Du kan bli skjuten, knivhuggen, bränd, sprängd eller överkörd, bara för att några ögonblick senare i nästan religiösa förtecken återuppstå. Döden i dataspel är aldrig någon slutgiltig förintelse eller utslocknande, det är inte precis som om spelet raderas från din dator när du dör. Nej, i värsta fall får du börja om från början. Istället lär du dig hela tiden något nytt som du kan ha nytta av nästa gång du spelar, men även om döden i dataspel kan beskrivas som lärorik ur ett spelarperspektiv, så ger den sällan någon djupare reflektioner över det existentiella i vår tillvaro.

Det finns nu spelutvecklare som försöker ge en mer existentiell och fördjupad syn på livet och döden. De belgiska spelutvecklarna *Tale of Tales* har i spelet *The Graveyard* och *Vanitas* tagit sig an den svåra uppgiften. I *The Graveyard* spelar du t ex en gammal gumma med käpp som du ska styra genom en kyrkogård. Syftet med spelet är att styra gumman förbi gravarna fram till en bänk i solen där hon kan sätta sig ner. På bänken minns gumman sedan sitt liv och spelet avslutas med att hon avlider. Det är ett finstämt spel, med ett "memento mori" tema, alltså tänk på att du snart ska dö.

Man kan hitta en parallell mellan spelet *The Graveyard* och den romantiska kyrkogårdsromantiken med dikter som Thomas Gray *Elegy Written in a Country Churchyard* från 1751. Precis som Grays dikt försöker *The Graveyard* skapa en kontemplativ stämning, en plats där vi kan börja fundera över vilka värden som är viktiga i livet, och vad eftervärlden kommer att minnas av våra liv?

I *Vanitas* hittar vi en annan form av memento mori spel. Här ska man skaka en ask, och när man öppnar asken hittar man tre objekt. Till stillsamma toner från Zoe Keatings cellokomposition kan man meditera kring de olika föremålen som består av vardagliga saker som nycklar, körsbär, spik, fjädrar osv. Vanitas kommer från latinet och betyder tomhet eller förgänglighet och var ett vanligt motiv i nederländskt 1600-tals måleri. En vanitasmålning bestod ofta av olika föremål, blommor och frukter, som till början verkar vara en livskraftig och färgrik komposition, men som vid närmare granskning avslöjar ett liv i förfall och en pågående dödsprocess. Vanitasmålningarna kunde också vara dystrare och mer direkta i sin symbolik med döskallar, timglas och brinnande ljus. Tale of Tales *Vanitas*-spel utvecklades till en början som en app till iPhone så att man enkelt skulle kunna ta med sig spelet och ha det på kontoret eller på tunnelbanan, och en kort stund kunna meditera över livets mening.

Molleindustria som främst ägnar sig åt att göra politiska och sociala spel har den senaste tiden skapat två spel som har existentiella budskap. *Every day the same dream* handlar om den monotona grå vardagen som många av oss möter: Vakna, gå upp, klä på oss, äta, ta oss till arbetet, arbeta, gå hem, lägga oss, och sedan samma visa varenda dag. Genom att göra saker lite annorlunda varje dag kan du i spelet förändras som person och bryta denna monotona gråa tillvaro och skapa nya förutsättningar för ditt liv.

I det andra spelet *Inside a Dead Skyscraper* som är ett dataspel som bygger på Jesse Stilles sång *The Building,* befinner du dig i skyddsdräkt med ett mätinstrument i ett sönderbombat kontorslandskap högt uppe i en skyskrapa. Inget händer egentligen i spelet förrän du råkar ramla ut från bygganden, men du störtar inte mot marken utan det visar sig att du kan simma runt i luften och utforska miljön. I spelet hittar man tydliga referenser till terrorattacken den 11 september, så det finns en tydlig politisk dimension i spelet, men man kan också se *Inside a Dead Skyscraper* som en form av memento mori. Där det trygga inrutade vardagslivet plötsliga rubbas genom oväntade och katastrofala händelser. En form av dataspel som skapar eftertanke och reflektion över det liv vi lever och vad vi värdesätter.

Ian Bogost, som är en känd teoretiker och spelutvecklare från USA har också skapat ett spel som bygger på eftertanke. *A slow year* består egentligen av fyra spel, en för varje årstid. Bogost kallar sitt spel för ett dataspelspoem, eftersom det snarare handlar om symboler, stämningar och reflektioner om hur åren passerar och hur årstiderna växlar än ett spel där man ska vinna något. Spelet skapades för den gamla Atari konsolen och har därför det typiska utseendet för 8-bits grafik, dvs. en begränsad färgskala och upplösning, som gör att bilderna upplevs som kantiga.

Det var ett medvetet val från Bogost att använda sig av ett system som var väldigt begränsat i sin grafik för att på så sätt bli tvungen att skapa bilder som var innehållsrika och symboliska. Denna begränsning tvingade både utvecklaren och betraktaren att fokusera på det väsentliga utan onödiga och störande element i spelet.

Utbudet av existentiella dataspel är än så länge inte så stort, men exemplen ovan visar att det är fullt möjligt att skapa dataspel som inte bara är till för att roa spelaren. Det är full möjligt att skapa existentiella dataspel som får oss att reflektera över livet och döden precis som teater, film och andra konstarter

Sikta, skjut, poesi!

"krossa bokstävlarna mellan tänderna" skrev Gunnar Ekelöf i en dikt från 1932 och sammanfattade därmed mycket av vad den modernistiska poesin handlade om. Att krossa språket, formen och grammatiken och låta poesin rinna över alla kanter och begränsningar.

Sedan 1932 har mycket hänt inom poesin och nya tekniker har gjort det möjliga att expandera det poetiska bildrummet i alla möjliga riktningar som ljudpoesi, hypertextpoesi och även dataspelspoesi. Dataspelsutvecklarna har i vissa fall vänt sig till gamla diktverk för inspiration som t ex i fallet *Dantes Inferno* från 2010, utvecklat av Visceral Games. Den italienska diktaren Dante Alighieri, som skrev det episka diktverk *Den gudomliga komedin* från början av 1300-talet, lär dock inte känna igen sig i den interaktiva versionen.

Huvudpersonen är inte längre någon melankolisk sökande person som gör en religiös och filosofisk resa i medeltidens idévärld i jakt på det högsta sanna, utan har förbytts till en muskulös korsriddare som utrustad med dödens lie slåss mot underjordens monster och demoner för att slutligen besegra Lucifer och rädda sin älskade Beatrice.

Det finns nu andra exempel som är mer trogna originalet, som spanjoren Carlos González Tardón tolkning av den österrikiska poetens Ernst Jandls dikt *schtzngrmm*, titeln är en ordlek med det tyska ordet för skyttegrav "Schützengraben". I dikten som är gjord för att läsas högt gestaltar Jandl krigets fasor med hjälp av olika ljud som påminner om gevärsskott och missildetonationer. Till E-Poetry Festivalen 2009 i Barcelona skapade Tardón en version som består av en filmsekvens från ett av alla dem krigsdataspel som finns på marknaden. I spelet ser vi hur en grupp allierade soldater under andra världskriget landstiger på en strand medan Jandls dikt deklameras i bakgrunden.

Tardóns verk påminner mycket om den amerikanska konstnären Joseph Delappe som vid olika tillfällen har läst upp poesi i olika krigsdataspel. I t ex *Medal of Honor: Allied Assault* har Delappe vid flera tillfällen framfört poesi av den brittiska soldaten Siegfried Sassoon som var med i första världskriget. Sassoon dikter är ofta satiriska och har pacifistiska undertoner och precis som Jandls dikter ifrågasätter det krigets vansinne. I båda fallen handlar det om att bryta den episka illusionen och föra in krigets grymma verklighet på den virtuella planhalvan.

Det är inte bara äldre poesi som får nytt liv utan det finns även många exempel på poeter som skapar dataspel eller rättare sagt skapar dikter som använder sig av dataspelens estetisk och form. Kanadensaren Jim Andrews är en av pionjärerna inom området, redan 2001 skapade han *Arteroids*, som bygger det gamla spelet *Asteroids*. I spelet styr man ett skepp i form av ett ord och kan med det skjuta sönder andra ord som roterar runt i rymden och då skapas ett ljudpoetiskt verk. Det är alltså spelaren som är med och skapar diktverket enligt den enkla instruktionen sikta, skjut, poesi!

Även den australiska konstnären och poeten Jason Nelson gör poetiska dataspel som han själv beskriver som en form av konstnärliga, flash spel/essäer. Hans verk bär namn som: *Game, Game, Game And Again Game* och *I made this. You play this. We are Enemies*. Det är diktverk som lånar inspiration från plattformsspel blandat med dadaistiska inslag av ljud, text, bilder och interaktivitet.

Både Jason Nelson och Jim Andrews är två exempel på poeter som idag förnyar det poetiska formspråket med hjälp av dataspel och på så sätt krossar bokstävlarna på skärmen.

Olle Essvik och Beckett – dramatik och dataspel

Går det att skapa ett dataspel av Samuels Becketts absurda drama *I väntan på Godot*? När konstnären Olle Essvik förra året tilldelades projektmedel från Konstnärsnämnden fick han möjlighet att kombinera två av sina stora intressen, nämligen dataspel och Samuel Beckett. Resultatet blev inte ett, utan två nya konstverk i form av dataspel baserade på Samuel Becketts dramer *I väntan på Godot* och *Endgame*. De två konstverken presenterades under hösten 2011 på Galleri 54 i Göteborg. Mathias Jansson fick en intervju med Olle Essvik.

Vad är ditt förhållande till Beckett och vad är det i hans författarskap som fascinerar dig?

-Min relation till Beckett består i att jag har sett och läst några av hans pjäser. Jag fick idén till spelet medan jag tittade på *I väntan på Godot*. Det var upprepningen i pjäsen som inspirerade mig, där den andra akten i grunden är en upprepning av den första. (Handlingen består av de två huvudpersonerna Vladimir och Estragon som sitter och väntar på en man vid namn Godot. Den första och andra akten är i princip samma, i den meningen att båda akterna består av att huvudpersonerna väntar på Godot, och att inget händer.) Handlingen kan ses som en metafor för vår mänskliga tillvaro där varje dag består av repetitioner, men också en referens till dataspel och repetitionen i datorprogrammering. Jag såg möjligheten att bygga en berättelse som alltid var i stort sett detsamma, men med små förändringar och nya händelser.

Spelet är i princip samma som dramat men med ett obegränsat antal variationer. Det andra spelet, *Endgame*, har lånat sin titel från ett annan av Becketts dramer, men bortsett från det finns få referenser till det verkliga dramat.

Jag är en beundrare av Beckett och tidsandan i vilken han levde och arbetade i. *I väntan på Godot* släpptes 1952 i efterkrigstidens Paris. En tid präglas av förtvivlan och en allmän förlust av tro i samhället. En tid då existentialismen, patafysiken och den absurda teatern var viktiga konstnärliga och filosofiska rörelser. Teman som tristess, hopplöshet och tomhet dominerade teater, litteratur och konst. Det finns en känsla av tragedi och komedi som är mycket närvarande *I väntan på Godot.*

Vad är det som du har tagit fasta på i Becketts drama och fört över till dataspelet?

-Spelet handlar om tomhet och upprepning. Vi vandrar genom vardagens upprepningar och väntar på att något ska hända. Mitt spel innehåller ett stort arkiv av föremål och händelser. Dessa objekt och händelser väljs delvis slumpmässigt ut och delvis som ett resultat av medveten eller omedveten interaktion, som sedan kombineras och ändrar hur spelet kommer att se ut.

Konstanterna i spelet är i början och slutet, som alltid är samma. Ingenting händer, men ändå allting händer. Spelet kommer aldrig att upprepa sig helt och hållet, även om du kan uppleva det som en upprepning. Mitt spel består av ett evigt antal akter och har ingen exakt början eller slut, även om de förblir samma. Det andra spelet är linjärt och har en mer exakt betydelse, men det blir en icke-mening eftersom det ger ett svar där det faktiskt inte finns något.

Du har hämtat inspiration till grafiken i spelen från gamla Mac-spel men du är egentligen inte intresserad av själva spelmomentet?

Ja grafiken är inspirerad av de gamla Mac-spel som jag spelade som barn, som skapades i Mac Paint. När jag växte upp blev jag intresserad av andra saker, och då försvann intresset för dataspelandet gradvis. Jag tror att de flesta av mina vänner också har slutat spela, och kanske var det inte förrän ankomsten av Internet och spel som *Quake* som jag började bli intresserad igen. Men det förnyade intresset var ganska kortlivat. Jag insåg snart att jag skulle fastna i det och tillbringa för mycket tid på något som jag faktiskt anser tämligen meningslöst och improduktivt (dock underhållande).

Jag ser inte mig själv som en speldesigner i traditionell mening. Mina främsta inspirationskällor är litteratur och konst. Det är inte de traditionella elementen i spelet som intresserar mig, utan snarare berättelser av spel och de nya möjligheterna till att berätta en historia på icke-linjära och interaktiva sätt.

Dina konstverk kännetecknas ofta av en becketts känsla, den där svarta absurda humorn. Något som också finns i konstverket *Endgame*?

-Mina tidigare verk, och de två senaste, domineras av teman om vardaglighet, förtvivlan och tomhet, men alltid med ett sinne för absurd humor. Om känslan av absurditet eller tragikkomedi inte känns igen, skulle mina verk uppfattas som helt hopplösa och tragiska. Jag är intresserad av samma teman som präglade Becketts verk. Även om formen för mina nya verk påminner om ett dataspel så tycker jag faktiskt att de har mer gemensamt med en teaterpjäs. *Endgame* är våldsamt och mörkt, men soundtracket, som består av marschmusik från 1910-talet, skapar en absurd stämning och är så överdriven att det bara återstår komedi. Spelet kommer att släppas senare i höst.

Handarbete och dataspel

Under de senaste åren har man kunnat se att allt fler unga människor börjat intressera sig för traditionellt handarbete som att sy, sticka, virka och brodera. Kanske är det en reaktion mot ett samhälle där avståndet mellan handen och den kreativa handlingen har blivit allt mer distanserad och virtuell när vi använder datorer i allt högre utsträckning. Även om det finns ett förnyat intresse för traditionella handarbetstekniker så är motivkretsen ofta ny. Man hämtar inspiration från sin samtid och här ingår många populärkulturer som dataspelens bildvärld. Konstnären Per Fhager arbetar med klassiskt heltäckande broderi och använder sig av motiv från TV-spel som *Megaman*, *Super Mario* och *Bubble Booble* i sina verk. I den här intervjun berättar Per Fhager varför han älskar kombinationen TV-spel och broderi.

När började du intressera dig för dataspel?

-Jag har spelat TV-spel sedan lågstadiet. Då som nu fascinerades jag av rörelsen, musiken, färgerna, utmaningen och framför allt av grafiken. Jag minns min upplevelse av dåtidens pixelgrafik som något helt magiskt och kunde sitta långa stunder centimeter från TV:n och rita av grafik på rutat papper. Spelens speciella estetik började tidigt genomsyra mitt kreativa uttryck.

Hur väljer du motiv till dina broderier? Är det vissa speciella spel eller plattformar som fungerar bättre när det gäller komposition och färger?

-Jag älskar långt ifrån alla spel, men de som har lämnat ett bestående intryck vill jag återskapa som broderi. Då jag nästan uteslutande baserar mina broderier på spel med punktbaserad grafik är merparten av mina verk speltitlar från 80- och 90-talet då alla spel hade just den typen av grafik. Trots att tekniska framsteg medfört att TV-spel idag nästan helt använder sig av tredimensionell polygonbaserad grafik produceras det dock då och då fortfarande spel med samma typ av tvådimensionella grafik som när jag var barn, därför förekommer motiv från både nya och gamla spel bland mina verk. För mig handlar det dock inte främst om pixelgrafik, genrer eller specifika spelkonsoller utan om spelen i sig. Av alla kulturyttringar har TV-spel utan tvekan inspirerat och stimulerat min kreativitet mest, och gör det fortfarande i allra högsta grad. TV-spel är en unik upplevelse.

Avståndet mellan den digitala bilden i dataspel och det traditionella broderiet kan vid första anblicken verka stor, men finns det inte en grundläggande likhet i hur bilden byggs upp av små färgfält?

-Klassiskt heltäckande broderi, vanligtvis i korsstygn eller så kallad petit point, har alltid varit punktbaserad precis som TV-spelens pixelgrafik. Det är fascinerande att ett så gammalt och ofta mycket traditionsbundet hantverk har så mycket gemensamt med ett så pass modernt fenomen som TV-spel.

Båda dessa världar intresserar mig var för sig, men det kombinerade resultatet när de båda möts är verkligen det som driver mig i mitt konstnärsskap.

Varför har du valt broderi för att skapa dina bilder?

-Jag har en textil bakgrund baserat på ett genuint intresse i många tekniker inom området, däribland broderi. Jag experimenterade redan i de tidiga tonåren med broderi baserat på TV-spelsgrafik, med det skulle dröja ytterligare några år innan jag åter igen gjorde kopplingen. Mitt första verk slutförde jag 2008 och förstod tidigt att detta bara var det första av många motiv ur TV-spel jag ville återskapa som broderi. Vid den här tiden införskaffade jag material i en garnbutik på Drottninggatan i Stockholm där jag nu var en av stamkunderna. Vid ett tillfälle frågade ägaren om jag var intresserad av att ställe ut mina verk i butikens skyltfönster, denna exponering ledde således till min kontakt med Jan Stene på Stene Projects som nu sedan tre år presenterar mina verk och gjort det möjligt för mig att nå ut till en betydligt större publik.

Dina verk har fått en hel del uppmärksam i utländska medier. Vad beror det på?

-Min uppfattning är att TV-spel som relativt ungt fenomen undantaget ursprungslandet Japan har en relativt likvärdig kännedom globalt. Utifrån reaktioner på mina verk jag får från både TV-spels-, broderi- och konstintresserade är den lika oväntade som självklara kopplingen mellan pixelgrafik och heltäckande broderi något som fascinerar oavsett betraktarens ursprung och ålder. Jag kommer våren 2013 ha två simultana soloutställningar på Stene Projects i Stockholm och Belmacz i London så det finns absolut ett intresse för min TV-spelsbaserade konst både i Sverige och i utlandet.

Tänker du fortsätta att utforska dataspelens bildvärld i framtida broderier?

-Jag vill fortsätta utforska broderiets obegränsade möjligheter och dela med mig av mina absolut bästa speluppleverser. För varje verk jag färdigställer står ett nytt motiv på tur. Jag gör det här av min kärlek till hantverket och min kärlek till TV-spel.

Sätt dig på Spel – Om konstformen Game Art

Hösten 2008 arrangerade Mejan Labs i Stockholm en utställning om *Game Art*, vilket inte är, som man kanske skulle kunna tro, en utställning med dataspelsgrafik som konst. Game Art är samlingsnamnet på konst som använder sig av och inspireras av dataspelens estetik, teknik och kultur. Det kan vara frågan om konstverk som ser ut som dataspel, men det kan också vara målningar, fotografier eller skulpturer som hämtat inspiration från dataspelvärlden.

Det som mötte besökarna på Mejan Labs var en blodig vägg med spår efter en blödande kropp som hade släpats över golvet. ”Blodet” var rester från en performance från vernissagekvällen, då man hade iscensatte ett av John Paul Bichards konstverk ur serien *Evidencia*. I *Evidencia* undersöker Bichard vad som händer om man överför det virtuella våldet från dataspel, och iscensätter det i det verkliga livet.

Våld och stereotypa könsroller brukar ofta anges som den negativa sidan av dataspel. Det är därför kanske inte så underligt att det är dessa frågor som många konstnärer sysslar med när de skapar Game Art. De använder så att säga dataspelens språk och bildvärld för att belysa frågeställningarna, och gör det ofta på samma arena där dataspelarna befinner sig. Game Art har ju den fördelen att den kan visas i konsthallar men också på Internet och i populära dataspel.

I många Game Art-verk kan man hitta ett tydligt politisk budskap. Actionspel och krigsspel som är populära dataspelsgenrer används av konstnärer för att göra politiska ställningstaganden. På Mejan Labs visade till exempel Gonzalo Frasca sitt verk *September 12*, ett dataspel där spelaren kan skjuta missiler mot en österländsk stad. Varje gång en missil förstör ett hus och dödar civila ökar andelen terrorister i staden. En annan konstnär är Joseph DeLappe, som har gjort sig känd för sina performances inne i dataspel. Han brukar logga in i spelet *America's Army*, ett populärt krigsspel på nätet som utvecklats av amerikanska försvaret för att locka unga människor att ta värvning. I spelet släpper DeLappe plötsligt sitt vapen och börjar skriva in namnen på alla de soldater som dött i Irakkriget. Responsen från de andra spelarna dröjer inte länge, de blir arga och bestämmer sig för att kasta ut honom från spelet. Kanske uppskattar man inte att verkligheten gör sig påmind i det trygga virtuella våldet?

Under de senaste åren har intresset för Game Art ökat. Det har arrangerats utställningar, seminarier och publicerats böcker i ämnet. Men kan fråga sig varför det blivit så populärt just nu? En som vet hel del om det här är Arne Kjell Vikhagen. Han är inte bara konstnär som skapar konst inspirerad av dataspel, han är dessutom en av de få i Sverige som forskar i ämne och som håller på att skriva en avhandling vid Göteborgs Universitet om dataspel som konstnärligt verktyg.

Ser man historiskt på saken, säger Vikhagen, så har konstnärer genom alla tider använt sig av nya tekniker, UnrealEngine och Delta3D (namn på två populära spelverktyg) är egentligen bara nya plattformer för att göra konst med. Han jämför med hur videokonsten slog igenom på 60-talet. Där gick man från egna seminarier, festivaler och utställningar till att långsamt inkorporeras i samtidskonsten. Eftersom TV har varit ett kulturellt uttryck för flera generationer, är det en naturlig utveckling att konstnärer väljer de medium som de känner till och som de kan koppla till sin egen kultur, precis som videokonsten med sina referenser. Vikhagen menar att det troligtvis kommer att fungerar på samma sätt med Game Art.

I sin avhandling har Vikhagen kopplat begreppet Game Art till en mera generell diskussion kring konst och spel, där den tyska filosofen Hans-Georg Gadamer och hans spelbegrepp utgör en central del för den teoretiska diskussionen. Vikhagen menar att spelforskning behöver kopplas bakåt både till filosofin och till konsthistorien, men påpekar också att den teoretiska delen utgör bara halva delen av hans forskning. Den andra halvan består av eget konstnärligt arbete där konstverket *Veøy* står i centrum.

Till grund för projektet ligger en polisrapport från 30-talet där en man berättar hur han sett ett mystiskt ljus sväva över den norska ön Veøy. Konstverket tar vid där polisrapporten slutar, och består av en interaktiv berättelse där besökaren kan gå omkring på ön och utforska den. Upplägget med den mystiska bakgrundshistorien och möjligheten att vandra omkring på ön påminner om ett dataspel, men *Veøy* är inget spel i den bemärkelsen att man ska samla poäng eller utföra ett uppdrag. Spelmomentet utgörs snarare av vår nyfikenhet att utforska och leka oss fram till nya erfarenheter. Det finns heller inget svar om vad som egentligen hände på ön, vad de mystiska ljusen var. Vikhagen vill i sitt verk visa på det glapp som finns mellan vad vi vet om händelsen och vad vi sedan tror hände på ön. Som besökare på ön är vi själva delaktiga i processen och skapar vår egen berättelse utifrån vad vi får reda på.

Vikhagen har även gjort installationen *Too Close for Comfort* där han har använt sig av dataspelet Microsoft Flight Simulator för att återskapa sekvensen när ett av flygplanen flyger in i World Trade Center den 11 september 2001. På den ena skärmhalvan ser man från cockpitfönstret hur tornet kommer allt närmare, och på den andra halvan en man som springer i ett sterilt landskap. I samma ögonblick som planet kraschar in i byggnaden faller mannen nedför ett stup.

Terroristattacken den 11:e september och andra stora tragedier som Columbine- och Waco-massakrerna har under åren diskuterats av konstnärer i olika Game Art-projekt. Det har lett till en hel del protester från anhöriga och kritiker som ansett det anstötligt att behandla händelserna på detta sätt. En förklaring ligger nog i att många Game Art-verk kan se ut som ett dataspel och det därför är lätt att tro att någon har använt dessa tragedier bara för att tjäna pengar. I t.ex. fallet med konstverket *Super Colombine Massacre* från 2005 av Danny Ledonne finns det nu både texter, forum och annat material som skapar en kontext och diskussion runt dödsskjutningarna på Columbine High School 1999. Samma tragedi har beskrivits i böcker och filmer utan större reaktioner. Michael Moore fick en Oscar för sin film om händelsen, men när den skildras i form av ett dataspel där spelaren själv kan delta blir det något helt annat. Vi är som åskådare vana att till stor del vara passiva inför konst, men Game Art kräver i många fall att du själv handlar och tar beslut om du ska pressa avtryckaren eller ej.

Game Art kan ses som en ny hybrid som än så länge befinner sig i samtidskonstens periferi. Det är en blandning av dataspelens populärkultur och konstvärldens kontext, vilket gör att om man saknar den ena erfarenheten så kan det vara svårt att sätta sig in i konstformen. Men som i fallet med videokonsten, så kommer det hela tiden nya generationer som tycker att dataspelens estetik och kultur är lika självklar som TV-mediets.

Tidigare publicerad i tidskriften Konstperspektiv 4/07

Dataspel som fotografi

Fotografiet visar ett rum som ser ganska slitet och dystert ut. Längs den vänstra väggen står en blekgrön plyschssoffa. Ovanför soffan hänger en stor målning föreställande ett segelfartyg ute till havs. Längst nere i rummet finns ett stort träskåp och till vänster om skåpet ser man en dörröppning som leder in till ett annat rum. Ett tydligt spår av blod leder från dörröppningen rakt genom rummet. Något fruktansvärt måste nyligen ha hänt i rummet. Har någon blivit mördad? Finns mördaren och offret i så fall fortfarande kvar i det angränsande rummet?

Fotografiet är inte från någon brottsplats, det är inte ens tagit i verkligheten, utan kommer från ett dataspel. Fotografen är den brittiska konstnären John Paul Bichard och fotot ingår i en serie som Bichard kallar *The White Room* som han gjorde 2004. *The White Room* ingår i sin tur i ett större konstprojekt som heter *Evidence*, bevismaterial, där Bichard undersöker vilka konsekvenser våld och ondska skapar i virtuella miljöer och vad som händer om man överför dessa virtuella händelser till verkligheten i form av installationer och fotografier.

Dataspelet som Bichard använde för att göra fotografierna heter *Max Payne II* och skapades 2003 av företaget Remedy Entertainment. Spelet är en uppföljare till *Max Payne I*, som handlar om en undercover polis i New York som blir oskyldigt anklagad för mord och som måste rentvå sitt namn från anklagelserna. I uppföljaren, som utspelar sig två år senare, är

Max Payne tillbaka i tjänst som mordutredare, men dras åter igen in i den undre världen i jakten på sanningen. Karaktäristiskt för dataspelet Max Payne är att det är starkt inspirerat av filmstilen film noir både när det gäller handlingen, grafik och kameravinklar något som även återfinns i Bichards fotografier.

Med hjälp av olika specialprogram manipulerade Bichard dataspelet och byggde i spelet upp egna miljöer och scenarier, där det fanns spår av brott och ondskefulla handlingar i form av blodfläckar och kulhål. Miljöerna fotograferades sedan av och ingick under hösten 2004 i utställningen *The House in the Middle*.

En annan konstnär som också har arbetat med fotografier från dataspel är den svenska konstnären Palle Torsson. Torsson använde sig av det populära dataspelet *Unreal Tournament* för att återskapa miljöer hämtade från kända skräckfilmer som *The Shining, Psycho, Lammen tystnar* och *Cape Fear.* Torsson fotografier ställdes ut våren 2003 på galleri Andréhn-Schiptjenko under titeln *Evil Interiors*. Liksom många av dagens datorspel har *Unreal Tournament* speciella verktyg och program inbyggda som gör att spelaren själva kan skapa karaktärer och miljöer som man sedan kan dela med sig till andra spelare. Dessa kraftfulla grafiska verktyg används idag av många konstnärer för att skapa olika former av konst, i Torssons och Bichards fall handlar det om att bygga upp olika interiörer och miljöer som sedan fotograferas av.

Liksom i Bichards fall visar Torssons fotografier bara miljöer, det finns inga personer med på bilderna. Vi ser bara platsen, som genom sina associationer eller detaljer bär spår av att något hemskt och ondskefullt har hänt här. Har man sett filmen *The Shining* vet man, när man ser Torsson fotografi av hotellets korridor, där den psykedeliska svart-orangea mattan ringlar sig fram, vilken skräck och ondska som finns bakom dessa väggar. Samma sak gäller fotografiet från Quentin Tarantinos film *Reservoir dogs*, där den ensamma stolen i lagerlokalen blir en symbol för det våld och den tortyr som Mr. Blonde utsätter polismannen för i filmen. Mr. Blonde och polismannen behöver inte närvara, utan avtrycket av den ondskefulla handlingen finns så att säga inpräntad i miljön.

Ännu ett exempel på hur konstnärer idag kan använda sig av dataspel för att skapa fotografier är den kinesiska konstnären Feng Mengbo och hans projekt *Q4U* som bland annat har visats på *Documenta 11*. *Q4U* bygger på det populära spelet *Quake 3* men i Mengbos utställningsversion ser alla spelare ut som konstnären och är beväpnade med ett vapen i den ena handen och en filmkamera i den andra. Mengbo beskriver själv sitt verk som en interaktiv performance. Utifrån det modifierade dataspelet har Mengbo sedan skapat 2-dimensionell konst i form av målningar och fotografier. Fotografierna som är tagna inuti dataspelet visar spelaren alias konstnären Feng Mengbo in action. Fotografierna har en upplaga på 10 och har storleken 75x100 cm.

No sleep before I die

Gamers (dataspelare) har under de senaste åren blivit en allt mer intressant grupp för forskare från olika discipliner. Böcker och avhandlingar har skrivits för att ta reda på vad det är som driver dessa människor att samlas på stora LAN-partyn där de tillbringar timmar framför sina datorskärmar för att umgås och spela med sina vänner i olika onlinespel. Även inom konstvärlden har man uppmärksammat denna grupp och det är framför allt fotografer som har hämtat både inspiration och motiv från dataspelarnas vardag.

En av de mest kända fotograferna i den här genren är amerikanen Todd Deutsch som i början av 2008 publicerade katalogen *Gamers* i anslutning till en soloutställning på Fabio Paris Gallery i Brescia, Italien. Katalogen innehåller närbilder av gamers som sitter helt försjunkna i sitt spelande, totalt avskärmade från verkligheten. Nästan som om de befann sig i bön med händerna omslutande sina spelkontroller. Todd Deutsch har fångat spelarnas ansiktsuttryck fyllda med koncentration, glädje och frustration beroende på vad som händer på skärmen. Vi har ingen möjlighet att se vad spelaren egentligen upplever, utan kan bara se resultatet som avspeglar sig i deras ansiktsuttryck och kroppshållning.

Förutom närbilderna av gamers har Deutsch även fotograferat interiörer från olika LAN-partyn. LAN-partyn är sammankomster där gamers samlas i en stor lokal och kopplar ihop sina datorer i nätverk (LAN) för att kunna spela mot varandra. Det är på sätt och vis en paradoxal företeelse, eftersom spelarna likaväl kunde sitta hemma och spela över Internet mot varandra, men LAN-partyn verkar fylla en social roll hos människan att samlas och umgås fysiskt i en lokal trots att var och en sitter försjunken i sin egen skärm och spelar mot eller med kamrater i en virtuell verklighet. Deutschs interiörbilder visar lokaler fyllda med ett virrvarr av slingrande kablar, datorer, skärmar, kartonger, Coca-Colaflaskor och sovsäckar som är så typiska för LAN-partyn, där upp till hundratals unga människor kan samlas under en helg för att spela tillsammans till dem slutligen somnar av trötthet och utmattning.

Todd Deutsch är nu varken ensam eller var först med att fotografera gamers. De tyska konstnärerna Beate Geissler och Oliver Sann gjorde redan år 2000 en fotoserie med namnet *Shooters*. Fotografierna fick stor betydelse och kom att bli starten för fler efterföljande fotoserier av gamers. Det Geissler och Sann gjorde var att de helt enkelt bjöd in och arrangerade ett LAN-partyn för ett antal gamers i sin fotostudio. Spelarnas ansikten fotograferades sedan mot en neutral bakgrund för att framhäva deras uttryck. Det finns egentligen ingenting i Geisslers och Sanns fotografier som säger att människorna spelar ett dataspel förutom själva kroppshållningen och ansiktsuttrycket.

Fotografen Sibylle Fendt har också ägnat sig åt att dokumentera spelare på olika LAN-partyn. I fotoserien *No sleep before I die* möter vi återigen unga män, för dataspelarna är till stor del unga män, andelen kvinnor är försvinnande få på dem här fotografierna. Spelarna sitter framför sina datorer i djup koncentration och spelar ända tills de bokstavligen stupar i sömn, precis som titeln *No Sleep Before I die* säger, och mycket riktigt visar också ett av fotografi i serien en ung man med huvudet djupt nerborrat i en kudde.

Det är nu inte bara LAN-partyn som har intresserat fotograferna utan även andra former av spelmiljöer. År 2005 besökte t.ex. konstnären Axel Stockburger de japanska arkadhallarna där han filmade och fotade av spelarna. Även här rör det sig om närbilder av spelarnas ansikten, det finns egentligen ingenting i fotografierna eller filmerna som avslöjar att människorna står och spelar ett spel utan då möjligen deras ansiktsuttryck och i filmen ljudet från spelen.

Att fotografera gamers in action har med tiden utvecklats till sin egen liten nisch inom fotokonsten. Det finns fler exempel som man kan lyfta fram, exempelvis Shauna Frischkorn som gjort fotoserien *Game boy* från 2005 med porträtt av unga grabbar som spelar dataspel, Philip Toledanos fotoserie *Videogamers* där fotografen säger sig vilja avslöja dolda sidor i människors karaktär genom att låta dem spela dataspel, och slutligen Ari Pescovitz som fotograferade sina vänner när de spelar *Guitar Hero*.

Att gamers är ett intressant och fascinerande motiv beror säkert på flera saker. Dels är det ett tidstypiskt motiv som skildrar en fritidssysselsättning som många människor ägnar sig åt. Sedan finns det något speciellt med att skildra människor som helt går upp i en sysselsättning. När vi ser ansiktena på dessa unga spelare som verkar befinna sig i sin egen värld funderar man på vad de tänker? Vi kan av fotografierna inte avgöra vad som händer på skärmen, så vi vet inte om spelaren kör en Ferrari i 250 km/h genom San Franciscos gator, håller på att meja ner utomjordiska monster med ett plasmagevär eller smyger omkring bakom stridslinjen i något av världshistoriens krig. Det enda vi vet är spelarna befinner sig i ett tillstånd som ligger mellan det verkliga och det virtuella och det är det uttrycket som fotograferna försöker fånga i sina bilder.

Dataspel har de senaste åren blivit en allt viktigare del av vår populärkultur. Väldigt många människor ägnar sig åt att spela dataspel och många av oss har även en stor del av vårt sociala umgänge i den virtuella världen. Eftersom samtidskonsten handlar om den värld vi lever i idag, så är det inte så konstigt att den även skildrar och diskuterar de frågeställningar som finns i den virtuella världen där många av oss tillbringar allt mer av vår tid. Genom att skapa fotografier utifrån dataspel fångar och beskriver konstnärer som t ex Bichard, Torsson och Mengbo en kultur och en samtidskontext som de inte hade kunnat skildra om de istället hade byggt upp samma miljöer i en vanlig studio och fotograferat av dem.

Verkliga virtuella objekt

Sedan 60-talet har konsten blivit allt mer dematerialiserad, dvs. konst är inte längre bara objekt som skulpturer och tavlor, utan konst kan vara idéer, koncept, relationer, processer eller virtuella föremål. Många konstnärer arbetar idag också med konst som bara existerar i datorn, på nätet eller i olika virtuella världar som *Second Life*. De senaste åren har det dessutom satsats stora summor runt om världen för att överflytta konsthistorien till den virtuella världen genom att digitalisera konstverk och bygga upp virtuella utställningsrum. Allt större del av konstupplevelsen är alltså idag immateriell, men som motvikt finns det också konstnärer som arbetar i den motsatta riktningen och som materialisera konst från en virtuell eller immateriell förlaga.

År 2005 startade konstnärerna Simon Goldin och Jakob Senneby *The Port* en ö i den virtuella världen *Second Life*. Syftet med *The Port* var att ur konstnärligt perspektiv undersöka förhållandet mellan den virtuella och den verkliga konstvärlden. Ett av de första projekten som Goldin och Senneby genomförde var *Objects of virtual desire*. Man samlade in några personliga föremål som var producerade av innevånarna i den virtuella världen och skapade av dem verkliga konstobjekt som t.ex. *Cubey Terra's Penguin Balls*. Konstverken ställdes sedan ut 2005 på *Game Dump* en utställning på Bergen Kunsthall. Det fanns även möjlighet att köpa konstverken i en begränsad upplaga, precis som vilka materiella konstverk som helst.

Många av de större virtuella världarna har en egen ekonomi och valuta som är knuten till den amerikanska dollarn. Innevånarna i de virtuella världarna kan alltså köpa och sälja land, bygga hus, skapa föremål eller konstverk och sedan sälja dem. Teoretiskt kan en konstnär skapa konst i t.ex. *Second Life* och sälja den för att sedan använda eventuell vinst för att försörja sig i den verkliga världen. Det Goldin och Senneby visade med *Objects of virtual desire* var att även immateriell konst kan överföras till materiella objekt och fungera på en konstmarknad. Den virtuella konstvärlden är inte fristående från den verkliga, utan det finns olika sätt att skapa gränssnitt och därmed överbrygga gränsen mellan den virtuella och den verkliga konsten.

Den tyska konstnären Adam Bartholl arbetar också med att överföra virtuella objekt till verkligheten. I verket *Speed* har Bartholl använt sig av spelet *Need for Speed Underground* I spelet finns det stora röda blinkande pilar som visar föraren rätt väg när han kör i hög hastighet genom gatorna. Bartholl gjorde 2006 en installation i Bremen, i samband med en utställning om offentlig konst, där han återskapade de röda pilarna från bilspelet i skala 1:1 och placerade dem, precis som i förlagan, vid sidan av en trafikerad väg. I Bartholls senaste projekt *1H*, som är en planerad performance och workshop, får deltagarna skapa sin egen kopia av ett ”one handed” (1H) vapen som finns i onlinespelet *World of Warcraft*. Även här är det frågan om en virtuell förlaga som materialiseras och överförs till verkligheten. Objektet används sedan i en performance där deltagarna få bära runt sitt vapen på ryggen på offentliga platser. Precis som i verket *Speed* materialisera Bartholl virtuella objekt och placerar ut dem i olika offentliga sammanhang.

År 2007 arrangerade Mejan Labs utställningen *From Reality and Back* som fokuserade just på förhållandet mellan den fysiska och den virtuella världen. En av konstnärerna som deltog var amerikanen Michael Frumin. Frumin har skapat programvaran OGLE (OpenGLExtractor) som gör det möjligt att "fånga" in karaktärer och objekt från virtuella världar och sedan skulptera fram dem med hjälp av en speciell 3D-skrivare. Programmet gör det möjligt att skapa en direkt länk mellan vad som skapas i den virtuella världen och överföra det till ett objekt i den riktiga världen.

Det konstnärliga gränssnittet och överföringen från virtuellt till verkligt behöver inte begränsa sig till objekt utan det finns också exempel där konstnärer arbetar med virtuella rörelser eller till och med virtuell smärta. Även om den virtuella världen är välutvecklad grafiskt och visuellt är den än så länge ganska platt när det gäller möjligheten att stimulera våra sinnen som smak, lukt och känsel. Det blir ganska uppenbart när man bevistar någon av Eva och Franco Mattes performances i Second Life. Eva och Franco Mattes har iscensatt några klassiska performanceverk som Chris Burden *Shoot* och Marina Abramovic och Ulay's *Imponderabilia*. I den senare står Marina och Ulay nakna mitt emot varandra vid en trång passage som besökarna måste passera in till konsthallen. Eva och Franco återskapade samma performance i Second Life, men att tränga sig förbi två nakna grafiska karaktärer med sin avatar är inte samma sak, som att med sin egen kropp tränga sig förbi två nakna människor i verkligheten. Flera aspekter som lukt, värme, friktion, ansiktsuttryck, ja hela den kroppsliga upplevelsen saknas i den virtuella världen. Vilket å andra sidan är det just de aspekterna och skillnaderna som Eva och Franco Mattes undersöker i sina performanceverk, men det visar också hur ofullständig den virtuella verkligheten är till skillnad mot den verkliga. Ett flertal konstnärer har därför försökt överbrygga och återskapa en del av de sinnesförnimmelser som går förlorade i den virtuella världen.

Den brittiska konstnären Alison Mealey har till exempel gjort en serie målningar som hon kallar *UnrealArt*. Här är det frågan om rörelser från artificiella spelaren i dataspelet *Unreal Tournament* som ligger till grund för konsten. Varje målning motsvarar ungefär 30 minuters speltid där 20-25 spelrobotar rör sig i spelet. Konstnärer sätter själv vissa utgångskriterier för hur robotarna kan röra sig med för övrigt är det de artificiella spelarnas rörelser som skapar verket. Varje verk skrivs sedan ut numreras och dateras och säljs i en begränsad upplaga. Av virtuella rörelser i ett dataspel skapas i det här fallet vanliga tavlor som kan hängas upp på väggen.

Nyligen ställde konstnären Riley Hamond ut en installation som han kallade *What it is without the hand that wields it* som bestod av en elektronisk skulptur kopplade till en server där människor spelade Counterstrike. Skulpturen bestod av ett antal blodpåsar med slangar som var kopplade till munstycken som öppnades då en av spelarna på servern blev skjuten. Det virtuella dödande och våldet rann så att säga över i vekligheten. Det mönster som bildades på väggen kunde också ses som en målning över hur spelet fortlöpte, precis som i Mealeys *Unreal Art*.

Många dataspel som *Unreal* och *Counterstrike* är visserligen våldsamma, men våldet är å andra sidan virtuellt, det finns ingen fysisk koppling mellan upplevelsen på skärmen och vad som händer med den som spelar. Det enda som spelaren kan drabbas av när han dör eller förlorar är frustration och en tilltufsad självkänsla. Konstnärerna Eddo Stern och Mark Allen skapade därför år 2000 en performance som de kallade *Tekken Torture Tournament*. Tekken är ett kampsportsspel och deltagarna i performancen utrustades med speciella armband som gjorde att varje gång motståndaren fick in ett slag eller spark så fick den andra spelaren en elektrisk stöt. Den virtuella smärtan översattes till verklig med hjälp av stötar. Desto fler träffar motståndare fick in desto mer smärta fick den andra spelaren utstå.

De tyska konstnärerna Volker Morawe och Tilman Reiff, som driver konstnärskollektivet *//////////fur//// art entertainment interfaces* har lanserat dataspelet och konstverket *Painstation*. *Painstation* är ett PONG-spel. *Pong* eller "Tennis för två" hör till det första och kanske enklaste av alla dataspel. Med hjälp av två racketar (rektanglar) ska man skjuta en boll mellan sig. Missar man bollen vinner motståndaren en poäng, men i Morawe och Reiffs version straffas förloraren med hjälp av stötar, hetta eller piskslag på handen. Den virtuella förlusten översätt och omformas till reell smärta precis som i *Tekken Torture Tournament*.

De sista decennierna har konsten blivit allt mer dematerialiserad och virtuell till sin form, i och med detta har också en del av konstens traditionella sinnesförnimmelser som lukt, smak, kroppslighet osv. försvunnit ur konstupplevelsen. Något som ett antal konstnärer har tagit fasta på och börjat arbeta med i en motsatt riktning. Konstnärerna har börjat återmaterialiserat konsten och till viss del även försökt översätta den virtuella upplevelsen till fysiska förnimmelser eller objekt.

Rorschach mellan konst och spel

I augusti 2008 medverkade konstnären Ida Rödén med dataspelet *Rorschach* på FILE 2008 en internationell festival i Sao Paolo, Brasilien. Ida Rödén som går tredje året på Konsthögskolan i Umeå är också en av medlemmarna i *Dataspelsgruppen*, ett konstnärskollektiv som startade hösten 2007 av sju elever vid Konsthögskolan i Umeå.

– Vi har alla ett gemensamt intresse för konst, dataspel och virtuella verkligheter. Gruppen startades då vi kände behovet av att utforska dataspelsskapandet som konstform. Tillsammans arbetade vi intensivt med projektet *Yod Borrow and the Mix-up of Chaste City* för att kunna visa upp det i samband utställningen *Game Art* på Bildmuseet i Umeå i slutet av november 2007, förklarar Ida.

Dataspelsgruppen har den senaste tiden legat på sparlåga eftersom många av gruppens medlemmar har arbetat med sina examensarbeten. Ida däremot är som sagt aktuell med *Rorschach*, ett dataspel där hon stått för den konstnärliga gestaltningen. Själva spelidén har utformats av Jens Andersson, som arbetar som spelutvecklare på det svenska spelföretaget Starbreeze. Men är då *Rorschach* ett dataspel eller ett konstverk, är det både och, eller spelar det egentligen någon roll?

– Personligen har jag inte något intresse av att definiera *Rorschach* som antingen ett dataspel eller ett konstverk säger Ida. För att ett konstverk ska fånga mitt intresse krävs oftast en genomtänkt konstnärlig idé som sedan bärs upp av ett skickligt och personligt hantverk. Nu har jag svårt att ta till mig hela äran för det konstnärliga då det kommer till *Rorschach*. Stora delar av den konstnärliga kvaliteten ligger nämligen i spelidén. Jens funderade mycket på hur dialogerna i många spel är förbestämda och hur man som spelare lotsas vidare på ett tydligt angivet sätt. I *Rorschach* har den problematiken hamnat i centrum. Här fungerar dialogsystemet som ett portabelt bibliotek. Alla frågor som ställs åtföljs av en symbol som kan bäras med genom spelets gång. På så vis kan de frågor som dyker upp ställas till alla karaktärer när som helst under spelets gång.

Grafiken i *Rorschach* är, till skillnad från många av dagens dataspel inte fotorealistisk, utan består i stället av bläckteckningar av Ida, teckningar som liksom speltiteln leder tankarna till de berömda Rorschachtestet, ett test som används inom den kognitiva psykologin för att få fram omedvetna tankar hos patienterna. Testet består av en serie nonfigurera bläckplumpar som patienterna får berätta vad de föreställer. Alltså en lämplig grafisk bakgrund till ett spel som utspelar sig på ett mentalsjukhus.

Rorschach var förra året med på en lista över *Best freeware adventure 2007* och det är den framväxande independentmarknaden som Ida och Jens riktar in sig på snarare än den kommersiella sektorn och det är också här som de tycker att den största möjligheten att skapa spel som blandar konst och spelmoment finns.

– Tittar man till kommersiella spel ligger fokus framförallt på nöjesfaktorn. Spel ska roa för att anses bra. Nu har en annan spelmarknad vuxit sig allt starkare – independentspel. Här ligger fokus på själva spelstrukturen. Det handlar mindre om häftig grafik och mer om grundläggande idé där man försöker gestalta en konstnärlig vision som inte tidigare undersökts i högre utsträckning. Här tycker jag personligen att dataspel har potentialen att bli något av de mest avancerade konstformerna och jag har stora förhoppningar om en ökad konstnärlig förankring i framtida independentspel säger Ida.

Att som konstnär samarbete med spelutvecklare är inte alltid enkelt. Ofta talar man olika språk och har olika förutsättningar. Ida tror visserligen på samarbeten, men är samtidigt pessimistiskt och tror inte att spelutvecklarna kommer att vända sig till konstnärerna i först hand utan man kommer att vända sig till andra som har den tekniska kunskapen om spelutveckling som många konstnärer saknar. I fallet med *Rorschach* har Ida haft turen att hennes sambo Jens, inte bara är spelutvecklare utan även konstnärligt intresserad.

Rorschach är nu ingen unik hybrid mellan konst och dataspel. Redan år 2000 skapade Lonnie Flickinger, från USA-baserade Chiselbrain Software, dataspelet *Pencil Whipped* som är ett First Person Shooter som har svart-vita handgjorda teckningar som grafik. Det är också ett verk som pendlar mellan konst och dataspel, och som har visats båda på konstutställningar och på independent games festivaler runt om i världen. Men speciellt många rena dataspel som pendlar mellan konst och dataspelsvärlden finns det inte. Däremot finns det en hel del exempel på konstnärer som inspireras av dataspel i sina konstverk och som även arbetar som spelutvecklare. Idas behöver kanske inte vara så pessimistisk inför framtiden, för det finns en ny generation konstnärer med goda kunskaper om spelprogrammering, sedan är frågan om de kommer att använda sina kunskaper för att skapa dataspel eller konstverk.

Det uppstår naturligtvis en hel del intressanta möten när ett dataspel som *Rorschach* visas på ett konstmuseum och museibesökarna får prova på spelet.

– Personer som inte alls är datavana går fram och försöker spela. Ibland får man självklart hjälpa till en del – står det att man ska använda piltangenterna för att röra gubben, är det klart man blir frustrerad om gubben inte rör sig även fast man frenetiskt trycker på tabtangenten... Det finns så klart många piltangenter när man tänker efter. Det är just mötet mellan den traditionella museibesökaren och dataspelet som har intresserat mig och jag har enbart känt mig upprymd av det jag hittills sett. Folk är öppnare än vad de själva tror avslutar Ida.

Parafraser i konsten: Från Mona Lisa till Lara Croft

Leonardo da Vincis målning *Mona Lisa* från början av 1500-talet är för många själva varumärket för konsten. Det är en tavla som alla känner igen och därför återfinns den i otaliga tolkningar och parafraser. År 1919 gjorde till exempel Duchamp sin kända Mona Lisa när han på en reproduktion målade mustasch och getskägg och gav verket titeln *L.H.O.O.Q.* Popkonstnären Andy Warhol har gjort silkscreentryck med *Mona Lisa* och surrealisten Salvador Dali ett självporträtt av sig själv som den välkända kvinnofiguren. Man behöver bara söka på nätet efter bilder av henne för att hitta otaliga fler exempel på parafraser inom konst, reklam och populärkultur.

Om Mona Lisa framstår som konstens portalfigur så är Lara Croft dataspelens kvinnliga ikon. Lara Croft, en välsvarvad kvinnlig Indiana Jones, gjorde entré med spelet *Tomb Raider* från 1996. Lara Croft var också en av de första dataspelkaraktärerna som gick upp på filmduken gestaltad av Angelina Jolie, vilket ytterligare grundlade hennes stjärnstatus i dataspelsammanhang. När konstnären Robert Nideffer år 2000 skapade en patch till spelet med namnet *L.H.O.O.Q*, det vill säga ett litet program som ändrade originalspelet så att Lara Croft uppträdde i spelet med mustasch och getskägg, så var det ingen tillfällighet. Nideffer konsthistoriska parafras är tydlig både till Da Vinci och Duchamp. Skillnaden är att Niedeffers inte hämtar sin förlaga från konsthistorien utan från populärkulturens bildvärld.

Niedeffers konstverk innehåller också en annan dimension som handlar om könsroller i dataspel. Majoriteten av spelarna är fortfarande män och nästa alla hjältar och huvudpersoner i dataspelen är män. Lara Croft är ett undantag, men å andra sidan är hon en väldigt sexig hjältinna och det har lett till att ett antal kreativa själar har skapat program som gör att man kan spela Lara Croft där hon springer omkring naken. Niedeffer har utgått från dessa patchar och ändrat i spelet så att Lara Croft i Duchamps anda får både mustasch och getskägg. På så sätt vrider han konceptet ytterligare ett varv, för det är kanske inte lika sexigt med en naken tjej med skägg och mustasch som springer omkring med stora pistoler? Förutom konsthistoriska referenser så behandlar Niedeffer i sitt verk aktuella frågor kring sexualitet och kön. Han sätter dessa frågor i relation till dataspelsvärlden som till stor del domineras av manliga värderingar och maktpositioner, en företeelse som också kan appliceras på konstvärlden som under långa perioder och på många områden fortfarande domineras av manliga värderingar och maktstrukturer.

Att konstnärer som sysslar med nya medier inte lever i ett historielöst sammanhang finns det fler exempel på. Brody Condon visade i början av 2008 en serie målningar på Santa Monica Museum of Art med titeln *Judgment Modification (After Memling)*. Målningarna var gjorda med ett dataspel och kan beskrivas som en modern form av *tableau vivant*, det vill säga rörliga scenbilder. Konstnären har byggt upp målningarna i ett dataspel, aktörerna rör sig bara märkbart och säger ingenting. För den som brukar spela dataspel påminner bilden om det viloläge spelet hamnar i när spelaren inte gör någonting. Till skillnad från ett dataspel så finns det ingen interaktivt i konstverket, något som annars är vanligt i konst skapade med dataspel. Förlagan till Condons bilder kommer från religiösa målningar gjorda av Gerard David, Dirk Bouts, Hans Memling och andra tidiga flamländska målare från 1400-talet. Även Matthias Grunevalds målning *Återuppståndelsen* från 1515 har Condon använt sig av.

I Condons fall finns ytterligare en dimension än den rent konsthistoriska parafrasen. Condon menar att det finns en parallell mellan medeltidens bildvärld, med sina apokalyptiska scenarier, med flammande svärd och kampen mellan det onda och goda och dataspelens visuella formspråk och handling. De medeltida religiösa målningarna gav sin tids bild av kampen mellan det onda och det goda. På samma sätt utgör dataspelen i dag en egen bildvärld där kampen mellan det onda och det goda ständigt pågår.

www.ingramcontent.com/pod-product-compliance
Ingram Content Group UK Ltd.
Pitfield, Milton Keynes, MK11 3LW, UK
UKHW041934190726
13854UKWH00004B/1577

9 789186 915131